U0599056

西部地区生态与经济可持续发展研究

刘 芳 著

西北农林科技大学出版社
Northwest A&F University Press

·杨凌·

图书在版编目（CIP）数据

西部地区生态与经济可持续发展研究 / 刘芳著.--
杨凌：西北农林科技大学出版社，2023.11
ISBN 978-7-5683-1320-9

Ⅰ．①西… Ⅱ．①刘… Ⅲ．①生态经济—经济可持续
发展—研究—西北地区②生态经济—经济可持续发展—研
究—西南地区 Ⅳ．①F127

中国国家版本馆 CIP 数据核字（2023）第 216653 号

西部地区生态与经济可持续发展研究

刘芳　著

出版发行：西北农林科技大学出版社
地　　址：陕西杨凌杨武路 3 号　　　邮编：712100
电　　话：办公室：029-87093105　　发行部：029-87093302
电子邮箱：press0809@163.com
印　　刷：西安浩轩印务公司
版　　次：2024 年 6 月第 1 版
印　　次：2024 年 6 月第 1 版印刷
开　　本：787 mm×1 092 mm　　1/16
印　　张：12.5
字　　数：196 千字

ISBN 978-7-5683-1320-9

定价：45.00 元
本书如有印装质量问题，请与本社联系

前　言

我国西部地区地域辽阔，资源丰富，具有良好的发展前景。但由于多种因素的制约，西部地区的社会经济发展滞后于国内其他地区。因此，中国现代化的困难之点不在东部，而在西部，开发西部是必须长期坚持的发展战略。新时代继续做好西部大开发工作，对于增强防范化解各类风险能力，促进区域协调发展，决胜全面建成小康社会，开启全面建设社会主义现代化国家新征程，具有重要的现实意义和深远历史意义。

西部大开发战略实施以来，在党中央、国务院的亲切关怀和坚强领导下，在全国人民的大力支持下，民族地区各族干部群众艰苦奋斗、开拓创新，各项事业取得了显著成绩。这段时期是西部地区经济发展最快、人民群众受惠最多、城乡面貌变化最大的时期。但西部地区城镇居民人均年可支配收入依然持续低于全国平均水平，西部地区的发展仍是备受关注的重点。基于西部大开发和可持续发展的时代背景，希望本书能为西部地区市、县地方政府提供制定政策的依据，为其生态、经济和农村、城市发展出谋划策，为西部特色旅游资源的开发利用提供对策和模式建议。

本书共六章内容，分别是：第一章，发展与可持续发展；第二章，西部地区的生态环境与经济发展状况；第三章，发展循环经济，促进可持续发展；第四章，构建低碳农业，促进可持续发展；第五章，构建生态城市，促进可持续发展；第六章，打造特色旅游，促进可持续发展。本书结构清晰，表述清楚，从可持续发展的概念入手，通过剖析西部地区发展面临的问题，从发展循环经济、构建低碳农业、构建生态城市、打造特色旅游四个方面，为西部地区经济、农业、旅游资源开发等方面的可持续提供理论依据，运用科技发展的已有成果，建立可持续发展的综合体系。

本书在写作过程中借鉴了众多专家学者的研究成果，尤其是得到了我的导师庄万禄教授的悉心指导，在此表示诚挚感谢。由于作者水平有限，书中所涉及的内容、观点难免存在疏漏与不严谨之处，敬请广大读者批评指正。

作　者

2023年6月

目 录

contents

第一章　发展与可持续发展

第一节　发展的基本含义与发展观念的演变

一、发展的基本含义

《辞海》对于"发展"一词的解释为："指事物由小到大、由简到繁、由低级到高级、由旧质到新质的运动变化过程。"《大英百科全书》对于发展的解释是："发展应被用来叙述一个国家的经济变化，包括数量上与质量上的改善。"1987年，世界环境与发展委员会（WCED）将发展界定为"经济和社会的有成效的变革"。

传统的狭义的发展指的只是经济领域的活动，其目标是产值和利润的增长、物质财富的增加。当然，为了实现经济增长，还必须进行一定的社会经济改革，然而，这种改革也只是实现经济增长的手段。联合国"第一个发展十年"（1960—1970年）开始时，当时的联合国秘书长吴丹概括地提出了："发展+经济增长+社会变革"这一广为流行的公式，这反映了"二战"后近20年间对于发展的理解和认识。在这种发展观的支配下，为了追求最大的经济效益，人们尚不认识，事实上在当时也不可能承认环境本身也具有价值，总的来看，采取的是以损害环境为代价来换取经济增长的发展模式，其结果是在全球范围内持续造成了严重的环境问题。

随着社会的进步，人们对发展也有了更宽泛的理解。发展可以看作是扩展人们享有的真实自由的一个过程，发展最终的目的是要实现人的"实质自由"。即"享受人们有理由珍视的那种生活的可行能力"，包括免受困苦的基本能力，能够识字的能力，以及各种政治权利等。

"发展"一词，无论怎样理解，它首先或至少都应包含有人类社会物质财富的增长和人群生活条件的提高等多方面的含义。不能将发展简单而狭义地理解为经济增长。经济增长一般定义为人均国民生产总值的提高，有时也看作是人均实际消费水平的提高。经济增长是发展的必要条件，但并不是充分条件。一种经济增长如果随时间推移仅仅不断地使人均实际收入提高，却没有使得社会和经济结构得到进步，就不能认为它是发展。发展的目的是要改善人们的生活质量。发展指人们福利和生活质量的提高，因此不仅是经济的增长（或实际收入的增长）。经济增长只是发展的一部分。低收入国家急需经济增长来促进改善生活质量，但这不是全部目的，也不可能无限地继续下去。发展只有在使人们生活的方方面面都得到改善才能被承认是真正的发展。于是，有些学者把发展描述为人们使事物朝着有利于他们的更好方向的变化。发展即意味着那些导致改善或进步的变化。

增长是发展的基础，没有经济的增长，没有物质财富的积累，就谈不上发展。但增长并不简单地等同于发展，如果单纯扩大数量，单纯追求速度，而不重视质量和效益，不重视经济、政治和文化的协调发展，不重视人与自然的和谐，就会出现增长失调，最终形成制约发展的局面。发展不仅是物质财富的增长，还包含着社会的良性发展和人的全面发展。增长并不等于发展，发展是速度与结构、质量、效益的有机统一。发展是人与自然的和谐发展，是经济、社会、人口资源环境协调的可持续发展。发展不是随心所欲的，发展是要受多种因素限制的。一般而言，发展至少要受3个方面的制约：一是经济规律，即要求发展的效益超过成本，或至少与成本平衡；二是社会因素，要求发展不违反基于法律、传统、伦理、习俗等所形成的一个民族或一个国家的社会准则，即发展必须保持在群众可以接受的程度内，不能为了发展而发展；三是生态约束，要求在发展中保持好各种陆地的和水体的生态系统、农业生态系统等生命支持系统以及有关过程的动态平衡。其中生态约束的限制是非常重要的。发展必须以保护自然（包括自然系统的结构、功能和多样性）为基础，必须以保护生态环境为条件。在一定时间和空间内，环境资源所能容纳的人口规模和经济规模的大小是有限的，因为地球的表面积是有限的。一切的活动、所有的发展必须保持在地球的可承载的范围内。

二、发展观念的演变及对其的思考

（一）发展观念的演变

1. 传统发展观念

传统发展观念的核心是物质财富的增长。按照这种观念，人们追求幸福的生活就是去追求更多的物质财富，物质财富的无限增长似乎是社会进步的唯一标志。资本主义就是在这种发展观念的支配下建立起前所未有的物质文明和繁荣社会。特别在第二次世界大战之后，物质财富的积累达到了惊人的水平，发达的资本主义国家的生活水平有了普遍提高，社会保障也有明显改善。但两极分化更趋严重，社会公平之途遥远。

传统发展观念的致命缺陷在于它误认为物质财富增长所依赖的资源在数量上是不会枯竭的，即使由于短时期内资源的供给小于资源的需求，但在市场机制作用下，这种短缺也会得到补充。同时，环境和资源的价值也未体现在产品和服务的价格中。所以，在传统发展观念指导下的经济活动往往滥用环境资源，过度地消耗石油、煤炭、淡水、木材等自然资源，同时将经济活动产生的废物任意地排入周围环境，造成环境的严重破坏。

20世纪70年代初，石油输出国组织提高石油价格的行动在发达国家引发了一场"石油危机"。人们终于开始意识到自然资源并不是无价值的生产要素，资源的获取也不是无限制的。人们开始对传统的发展观念产生了怀疑。

2. 零增长发展观念

经济增长所带来的严重而普遍的环境问题，使有些人产生了悲观的情绪。他们认为：人类正处在转折点上，如果继续遵循老路，等待人类的将是全球性的大灾难。持这种观点的代表性团体有罗马俱乐部等。1962年美国生物学家Carson出版《寂静的春天》，标志着人类生态意识的觉醒和"生态学时代"的开端；1972年，以美国Meadows为首的研究小组出版《增长的极限》，指出了地球的有限性，得出了"零增长"的悲观结论。

《增长的极限》中指出：我们生活的地球是有限的，地球上的土地资源、不可再生资源、污染承载能力都存在着极限，它们对经济增长会产生限制，使增长存在一个极限。如果继续无限制地追求增长就可能很快达到这个极限。最终，人口和工业生产能力将发生不可控制的减少和衰退。因此，为了避免灾难的突然降临，现在就必须自觉地抑制增长，使人口和资源保持稳定。那些会导致严重后果的人类活动必须认真地加以控制，而那些不需要大量资源或不产生严重环境退化的人类活动，如教育、艺术、体育等，仍可以无限地增长。零增长是罗马俱乐部发展观念的核心。

零增长发展观念是介于传统发展观念向可持续发展观念转变过程中的过渡性观点，当人们开始认识到传统发展观念的种种弊端时，产生了"零增长"的看法，当人们进一步梳理发展问题时，特别是在罗马俱乐部深入讨论人类该如何发展中，对发展的乐观看法逐步取代了悲观看法，并逐步倾向于可持续发展观念。

3. 可持续发展观念

以1992年联合国环境和发展大会为标志，世界各国开始接受可持续发展观念。可持续发展观念强调的是经济、社会和环境的协调发展，其核心思想是经济发展应当建立在社会公正和环境、生态可持续的前提下，既满足当代人的需要，又不对后代人满足其需要的能力构成危害。可持续发展包含以下内容。

（1）可持续发展必然需要发展，只有发展才能摆脱贫困，提高生活水平。特别是对于发展中国家，生态环境恶化的根源是贫困。只有发展才能为解决生态危机提供必要的物质基础，才能最终打破贫困加剧和环境破坏的恶性循环。因此，承认各国的发展权十分重要。

（2）可持续发展显示了环境与发展的辩证关系，即环境和发展两者密不可分，相辅相成。环境保护需要经济发展所提供的资金和技术，环境保护的好坏也是衡量发展质量的指标之一；经济发展离不开环境和资源的支持，发展的可持续性取决于环境和资源的可持续性。

（3）可持续发展从伦理角度提出了代际公平的概念。人类历史是一个连续的过程，后代人拥有与当代人相同的生存权和发展权，当代人必须留给后代人生存和发展所需的必要资本，包括环境资本。虽然不能确切判定后代人需要什么，但后代人肯定还将生活在这个地球上。因此，保护和维持地球生态系统的生产力是当代人应尽的责任。

（4）可持续发展还包括代内公平，这是在全球范围内实现向可持续发展转变的必要前提。发达国家在发展过程中已经消耗了地球上大量的资源和能源，对全球环境变化的"贡献"最大，并且至今仍然居于国际经济秩序中的有利地位，继续大量占有来自发展中国家的资源，继续大量排放污染物，造成一系列的环境问题。因此，发达国家应对全球环境问题承担主要责任，理应从技术和资金方面帮助发展中国家提高环境保护能力。

（5）可持续发展要求人们改变"高投入、高消耗、高污染"的生产和消费模式，提高资源利用效率，从思想到行动都要改变。

（二）对发展观念演变的思考

近一个世纪以来，人类的发展观念经历了由单纯追求物质财富、一味消耗自然资源向讲求综合利益、保护与利用资源相结合的演变过程。这个转变过程实际源于人类的认识水平的提高。认识决定行为，人类在漫长的历史进程中，对影响其发展的客观事物，以及主观的认识能力，由不完善到逐步完善。特别是，当人类逐步认识到自然资源并非取之不竭、用之不尽，生存环境也并非具有无限容量时，人类必须在坚持以人为本的同时，遵循事物发展的亘古不变的客观规律，调整其发展观念。人类发展观念的讨论和转变，正是人类生存方式和相关生产方式在意识上的深化和提高。没有变化就没有发展，只有发生了这样的变化，才证实了发展观念的演变，如图1-1所示。

传统发展观　　零增长发展观　　可持续发展观

图1-1　发展观念的演变

当然，按照历史唯物主义的观点，人类发展观念的演变绝非一蹴而就，人类由传统发展观念到零增长发展观念再到可持续发展观念（也有学者将第二次世界大战以来的发展观念划分为经济增长观、社会发展观念和可持续发展观念三个阶段），表面上看起来好像发生在一个世纪内，然而，可持续发展从个别认识到人类共识却经历了十分漫长的过程，这一思想古来有之，只不过仅仅有少数有识之士有此意识，没有形成公众认识。而一个发展观念的形成，前提是某一认识的社会化。这也就是为什么讲，由传统发展观念到可持续发展观念的真正是发生在近期，而非遥遥古代的理由。尽管过去没有形成系统的可持续发展观念，但是古人人与自然相统一的思想与可持续发展观不无相似之处。

孔子说："天何言哉，四时行焉，百物生焉，天何言哉"（《论语·阳货篇》）这里所说的天，就是自然界。四时运行，万物生长，这是天的基本功能，其中"生"字明确肯定了自然界的生命意义，这不能仅仅理解为生物学上所说的生。天之"生"与人的生命及其意义是密切相关的，人应当像对待天那样对待生命，对待一切事情。他所说的"仁者乐山，智者乐水"，即有美学上的情感体验，把自然界的山、水和仁、智这种德性联系起来，从孔子思想中透露出来的一个重要信息，就是对天即自然界有一种发自内心深处的尊敬与热爱，因为人的生命与自然界是不能分开的。

荀子强调对自然界的开发利用要"适时"而"有节"，更不能违背自然界的生命规律，乱砍伐、乱捕杀。他提出"以时顺修"（《荀子·王制篇》）、"节用裕民""节流开源"（《荀子·富国篇》）等主张，是很有"生态"意识的，比如他说："养山林、薮泽、草木、鱼鳖、百索以时禁发，使国家足用，而财物不屈。"（《荀子·王制篇》）这可以说是我国古代最早的可持续发展理论。在中国古代，"以时禁发"是有实际内容的，何时"禁"，何时"发"，都是有详细规定的。《中庸》说，"能尽其性，则能尽人之性；能尽人之性，则能尽物之性；能尽物之性，则可以赞天地之化育；可以赞天地之化育，则可以与天地参矣。"这也是"成己成物"的意思。"尽其性"就是尽自己的诚性、仁性。以诚待人，将心比心，就能尽人之性。尽人之性还不够，还必须尽物之性。物不仅有性，而且有与人相通之处，这就是天道之"诚"，生生之"仁"。只有尽物之性，才可以"赞"天地之化育。天地本来是以化育为其功能，为什么要人去"赞"呢？因为这是人的"天职"，也是人的主体性之所在。天地之化育有待于人去实现，去完成，这才是天人合一论的完成。

道家主张人们在改造自然的过程中，应充分认识并尊重自然界的规律，让宇宙万物"自足其性"，自然地得到发展，而不是横加干涉，老子提出"知常""不知常，妄。妄作，凶"。人类与天地万物共生共存，就应当与天地万物保持和谐。这样，才不会扼杀宇宙的生机，人类社会的生存和发展才会成为可能。当今，我们要维护生态平衡，解决人类日益严重的环境污染和生存危机，固然须依靠高科技手段，但同时必须看到，中国传统文化在这方面有其独特的价值。在这方面，道家文化关于天人同源，道法自然的生态智慧就不失为一盏指路明灯。

当代人应当深刻领会古代哲人的思想，这不是否定科学技术的作用，而是告诫人们不应当无止境地为了满足物质的需要，竭泽而渔地破坏自然。人类应该既要发展科学技术，更要珍惜人类赖以生存的环境，使二者能够更好地协调。今天，人与自然相互关系的问题早已成为全球性的问题，没有理由继续走"先污染，后治理"的路子，而应着眼于全人类的发展，从中国"天人合一"的哲学思想中吸取丰富的精神营养，贡献于人类，使人类能够按照可持续发展的思想，世世代代繁衍下去。

三、传统发展观念与可持续发展观念的比较

以往的人类发展史实际上是一部悲壮的"天人斗争史"。一直占主导地位的是将人与自然对立起来，视自然为对象的发展观念。人类通过征服自然、改造自然、利用自然获取物质资料。这种观点认为发展是人类向自然单向索取的运动，把发展解释为单纯的经济问题。但从根本上看人类同自然界的较量没有也不可能有最终胜利者。相反，当接近"地球生态极限"之时，自然界会藐视人类，并以自身固有方式对人类进行无情"报复"。

从社会文明的发展看，生态文明应该代表人类未来文明的发展方向，同农业文明取代原始文明和工业文明取代农业文明的历史必然一样，生态文明也将会取代工业文明，因为人类的生态利益是高于经济利益的最根本利益。基于此，人类与自然的"天人合一"的一种新发展理论呼之欲出：使经济社会与生态环境在空间上优化、时间上无限的可持续发展理论。可持续发展观念是基于现代社会的整合发展理念，它是经济、社会（包括人口）、环境（包括资源）三个向度的整合发展观念，也是继工业革命以来第二次发展理念的飞跃。第一次是20世纪70年代开始的从狭隘的经济增长观逐渐转变为综合的社会发展观念。单纯追求经济增长的局限性为人们所认识，发展的内涵

被扩展到不仅包括经济增长也包括政治民主、文化发展以及其他方面的社会进步。第二次是20世纪90年代开始的从环境破坏的发展观念逐渐转变到环境友好的发展观。从自然支撑系统对于人类发展的承载力出发，强调人类社会需要追求长期稳定的发展，并在此基础上整合成为具有很大包容性的可持续发展理念。

传统的发展观念，偏重于物质财富的增长而忽视人的全面发展，简单地把经济增长等同于发展而忽视社会的全面进步，相应地把国内生产总值的增长作为衡量一个国家和地区经济社会发展的核心标尺而忽视人文的、资源的、环境的指标，单纯地把自然界看作是人类生存和发展的索取对象而忽视自然界首先是人类赖以生存和发展的基础。在传统发展观念的影响下，尽管人类创造了历史上从未有过的经济奇迹，积累了丰富的物质财富，但也为此付出了巨大的代价，资源浪费、环境污染和生态破坏的现象屡见不鲜，人们的生活水平往往不能随着经济增长而相应提高，甚至出现严重的两极分化和社会动荡。

传统发展观念带来的误区：人们总是把发展片面理解为科学技术的发展和国民生产总值（GNP）的增长。这种传统工业文明发展观念存在着很多误区，主要表现在以下三个方面。其一，忽视环境、资源、生态等自然系统方面的承载力。其二，没有考虑自然成本。其三，缺乏整体协调观念。

传统发展观念引发的环境问题：空气污染、水源污染和短缺、土壤退化、生物多样性锐减、森林面积急剧减少。造成传统发展观念负面作用的根源，首先是当时人类认识水平较低，特别是出自近代机械论世界观兴盛时期对科学技术无限信赖的唯科学主义思潮或称科学万能论。它认为在人类征服、改造自然方面，几乎没有科学技术解决不了的难题。但是，作为调节人与自然关系、实现人的价值目标的中介性手段，科学技术具有双重属性，既要受到自然规律的制约，又要受到文化价值观和人的目的的规范。当然，造成人类生存困境的根源不是科学技术，而在于支配着科学技术运用的价值观。其本质上是价值观危机，是人类对科学技术作用的认识偏见。当然造成传统发展观念负面作用的根源还有其他多种社会因素。

关于对自然进行控制的观念：控制自然的任务应当被理解为把人的欲望

的非理性和破坏性方面置于控制之下。控制自然的观念应当包括对外部自然的控制和对人类内在自我的控制。

可持续的发展观念，是以人为本的发展观念，是全面的发展观念，是协调的发展观念，是开放的发展观念。树立以人为本的发展观念，说明人类对社会发展规律有了更加深刻、更加全面的认识。树立科学的发展观念，就是要促进经济和社会协调发展，推动社会主义物质文明、政治文明和精神文明全面进步，实现可持续发展，推进城乡协调发展、地区协调发展，保持人与自然的和谐发展。可持续的发展观念强调经济、社会、生态的可持续发展；强调和谐的人际关系和人与自然关系，推崇稳定的社会结构；强调恰当的人口增长，资源开发和污染物排放不超过环境的承载能力；强调持续的资源利用和能源供给，使资源的开发不大于资源的再生速度，达到资源的再生利用。

传统发展观念与可持续的发展观念是本质上根本不同的两种发展观念，二者之间的种种差异，如表1-1所示。

表1-1　传统发展观念与可持续发展观念的比较

比较内容	传统发展观念	可持续发展观念
发展的总体理念	把经济增长作为衡量发展的核心标尺，忽视人文、社会、资源、环境的协调	强调经济、社会、生态的协调发展
社会方面	人是自然的主宰，偏重于物质财富的增长，忽视人和社会的全面发展	和谐的人际关系、人与自然关系，稳定的社会结构
生态方面	人口膨胀，把自然界看作是人类的索取对象，忽视自然界和环境的承载能力	恰当的人口增长，资源开发和污染物排放不超过环境的承载能力
经济方面	经济增长主要依靠拼资源、拼环境来实现，忽视资源节约和利用持续性与循环性	持续的资源利用和能源供给，使资源的开发不大于资源的再生速度，达到资源的再生利用
速度方面	只重发展速度，不重发展	质量与速度并重
时间方面	只计当前效果，不顾长远影响	既考虑当代，又不顾及后代
空间方面	只见局部，不见全面	统筹局部与整体的利益

通过表1-1可以看出，现代的可持续发展观念不再认为向自然单向索取可以持续地维持人类的发展，发展也不单纯是经济、社会或环境问题；而认为经济、社会（包括人口）环境、（包括资源）三个方面应该是相互交织、相互融合的复杂巨系统，在发展中强调的是人类与自然和睦共处。可持续发

展观念在发展的总体理念、社会经济环境协调一致、发展的时间、空间和速度方面较传统发展观念均更符合以人为本的原则，也更为先进。这正是经济发展中必须树立的基本观念。

第二节　可持续发展理论

一、可持续发展理论的背景

（一）历史背景

中国是一个有着5000年文明的泱泱大国，在漫长的历史过程中，孕育了丰富的"天人合一"的发展思想。挖掘和继承古代关于发展的思想，对于当前我国实现可持续发展大有益处。早在西周初期，《易经》中就指出人要以天地为法："先天而天弗违，后天而奉天时。"此语深刻地揭示出人类必须遵循自然界的变化规律，必须坚持人与自然协调发展的思想。到了春秋战国时期就有保护正在怀孕和产卵的鸟兽鱼鳖以利"永续利用"的思想和封山育林定期开禁的法令。伟大的思想家孔子主张"钓而不纲，弋不射宿"（《论语·述而》）。"山林非时不升斤斧，以成草木之长；川泽非时不入网罟，以成鱼鳖之长。"（《逸周书·文传解》）。春秋时期齐国相管仲，为了发展经济、富国强兵、称雄诸国，非常注意保护山林川泽及其生物资源，反对过度采伐利用。他在《管子·轻重甲》中提到："为人君而不能谨守其山林菹泽草莱，不可以为天下王。"战国时期的荀子也把自然资源的保护置于治国安邦的战略高度，强调遵从季节规律（时令），重视自然资源的持续保存和永续利用。这些都是古朴而经典的可持续思想。

之后，先秦诸子百家发展和丰富了该思想。孟子指出，"亲亲而仁民，仁民而爱物，"意即对人民要仁爱，对万物要爱护。孟子的"仁民爱物"进一步体现出自然与人、天与人合一的思想。除儒家外，其他先秦诸子学派，如道家也对"天人合一"思想进行了比较精辟的诠释。老庄学派认为，人与宇宙互不外在，二者相类相协，通为一体。《老子》书中曰："人法地，地法天，天法道，道法自然。"意思是天、地、人三者通贯。因此，道家的人生追求不是去征服宇宙，而是"泛爱万物"，感悟"天地与我并生，万物与我为一"的境界。1975年在湖北云梦睡虎地11号秦墓中发掘出的竹简《田律》中清晰地记载了："春二月，毋敢伐材木山林及雍隄水。不夏月，毋敢夜草为灰，取生荔……毒鱼鳖，置阱罔，到七月而纵之。"这是中国和世界最早的环境法律之一。也是中国古代生态意识的和可持续发展思想的明证。

宋代的"天人合一"的思想被进一步发展。宋代大儒家张载在《西铭》中曾言，"民吾同胞，物吾与也。"其意为，世界上的民众都是我的亲兄弟，天地间的万物都是我的同伴朋友。宋代理学家程颢在《河南程氏遗书》中亦曰："人与天地一物也。""仁者以天地万物为一体。""仁者浑然与物同体。"他们认为，人与万物是同类、同伴，是平等的，理应和谐相处。

清代画家郑板桥在《郑板桥集·潍县署中与舍弟墨第二书》中对人与自然之间的和谐关系曾经进行了比较深刻的论述："夫天地生物，化育劬劳，一蚁一虫，皆本阴阳五行之气姻蕴而出，上帝亦心心爱念""蛇蚖蜈蚣豺狼虎豹，虫之最毒者也，然天既生之，我何得而杀之？若心欲尽杀，天地又何必生？亦惟驱之使远，避之使不相害而已。"此语与当今的保护生物多样性的生态伦理思想极为一致。

西方早期的一些经济学家如马尔萨斯（Malthus）、李嘉图（Richardo）和穆勒（Mill）等的著作中也较早认识到人类消费的物质限制，即人类的经济活动范围存在着生态边界。

国内外古代和近代的发展思想给了我们什么启示呢？通过系统研究这些发展思想，不难看出，其间蕴涵着人与大自然平衡发展的和谐理念。这种和谐理念主要是指人对于大自然的影响而言的，即人要确立自身行动的限度，不能无节制地掠夺自然资源，在此基础上实现人类发展和自然之间的平衡和和谐。这种和谐观的理论基础主要建立在我国传统哲学的"天人合一"思想之上。"天人合一"思想主要包括三方面内容：第一，人是自然界不可分割的组成部分；第二，人要遵循自然界固有的普遍规律；第三，人与自然要和谐共处。因此，"天人合一"的思想是可持续发展产生的历史背景。

（二）社会背景

必须承认，可持续发展的观念源远流长。然而现代可持续发展理论源于人们对愈演愈烈的环境问题的热切关注和对人类未来的希冀。世界人口的爆炸式增长、自然资源的日渐短缺和生态环境的不断恶化，这是现代可持续发展理论产生的现实背景。

第二次世界大战后，世界经济进入繁荣发展的"黄金"时代。各国经济快速发展，工业化进程突飞猛进，物质产品数量大规模扩张，人类沉浸在工业文明所创造的喜悦之中。这种盛行于世的发展观就是我们今天所称的传统发展观。这种发展观臆想大自然的无限恩赐，总以为经济增长和物质财富增长所依赖的自然资源在数量上不会枯竭：自然资源的自净能力具有无限性，人类生产和生活的废弃物排放所需要的自然环境容量也不会降低。

然而，仅仅经过了十几二十年的"辉煌"，20世纪60年代传统发展模式的痼疾就充分爆发出来了。伴随着经济指标快速增长的是森林等植被减少、水土流失加剧、水污染、大气污染、土地的沙漠化、城市生活质量下降等问题。人类创造美好文明的同时造成了日趋严重的资源、环境、生态、人口等问题，对人类自身的生存与发展构成了严重的威胁。现实逼迫人们必须采取一种以人与自然关系的和谐、全社会整体持续发展为内容的新的发展观，来取代不合时宜的传统发展观。因此，催生了可持续发展观。

事实上，可持续发展理论的形成经历了相当长的历史过程。可持续发展理论于19世纪末就已经萌芽，当时，美国林学家本乔特（Gifford Pinchot）就已经提出了环境伦理与可持续发展的思想。强调公平和效率，强调资源在消费者中应公平分布，现在与将来公平分布。20世纪50年代到70年代，人们在经济增长、城市化、人口、资源等所形成的环境压力下，对传统发展模式普遍产生了怀疑。1962年，美国女生物学家莱切尔·卡逊（Rachel Carson）发表了一部引起很大轰动的环境科普著作《寂静的春天》，作者描绘了一幅由于农药污染所产生的可怕景象，惊呼人们将会失去"明媚的春天"，在世界范围内引发了人类关于发展观念上的争论。10年后，两位著名美国学者巴巴拉·沃德（Barbara Ward）和雷内·杜博斯（Rene Dubos）所著的《只有一个地球》问世，把人类生存与环境的认识推向一个新境界，即可持续发展的境界。同年，一个非正式国际著名学术团体——罗马俱乐部发表了著名的研究报告《增长的极限》，明确提出"持续增长"和"合理的持久的均衡发展"的概念。1987年，以挪威首相布伦特兰为主席的联合国世界与环境发展委员会（WECD）发表了一份报告《我们共同的未来》，正式提出可持续发展思想。但是，可持续发展理论真正形成是在20世纪90年代，主要标志是以1992年联合国通过的可持续发展战略蓝图《21世纪议程》。之后，1994年戴维斯（Davis）提出，经济发展要走持续发展的途径，而不是传统的发展途径。他认为人是一个理性的"经济人"，按照戴维斯的理想，"经济活动不仅在利用资源上是高效率的，而且是社会正义的，并在环境上是生态可持续的"。1995年伯德（Bird）在研究可持续农业问题时，列出了5项可持续农场运行方案：①整合农业与自然；②长期发展目标、持续进化过程，而不是一种已达到的状态；③减少对农业和农场资源的集中控制，增加自给自足的农场运作者。更加独立于化学输入和市场；④增加品种，提倡轮作，选择更多的覆盖性作物以防止水土流失，选择更多的改良土壤作物（如豆科作物），减少除草剂的使用；⑤整合作物与家畜，提倡家畜在围场间轮换放养，减少对草场的破坏。从而使可持续发展理论不断走向具体化、深入化。

二、可持续发展的概念

可持续发展是既满足当代人的需求，又不对后代人满足其需求的能力构成危害的发展模式。可持续发展是一个紧密的系统，既要达到发展经济的目的，又要保护好人类赖以生存的大气、淡水、海洋、土地和森林等自然资源和生态环境，使子孙后代能够永续发展和安居乐业。可持续发展与环境保护既有联系，又不等同。环境保护是可持续发展的重要方面。可持续发展的核心是发展，但是要求在严格控制人口、提高人口素质和保护环境、资源永续利用的前提下进行经济和社会的发展。

在目前的理论研究中，对可持续发展有着许多不尽相同的定义。很多专家、学者和实际工作者根据自己的理解和需要，从不同的角度对可持续发展的定义做了相当宽泛的解释。一些生态学家从生态系统的观点来解释可持续发展的内涵，环境学家往往从资源环境的角度阐述可持续发展的原则，经济学家则从社会福利和经济的角度来描述可持续发展，而社会学家则往往从需求和发展过程本身谈可持续发展。虽然这些解释和阐述在本学科领域有一定的积极作用，但它们不应被视为可持续发展概念的权威定义。

可持续发展（Sustainable Development，SD）是在20世纪80年代被提出的一个新概念。1987年世界环境与发展委员会（WCED）在《我们共同的未来》报告中第一次正式阐述了可持续发展的概念。到目前为止，对该概念的阐释多达近百种。下面就是一些最具代表性，也是影响较大的可持续发展概念，我们可以通过这些概念来认识可持续发展理念。

从经济方面对可持续发展的定义最初是由希克斯·林达尔提出，表述为"在不损害后代人的利益时，从资产中可能得到的最大利益。"其他经济学家（穆拉辛格等人）对可持续发展的定义是："在保持能够从自然资源中不断得到服务的情况下，使经济增长的净利益最大化"。这就要求使用可再生资源的速度小于或等于其再生速度，并对不可再生资源进行最有效率的使用，同时，废物的产生和排放速度应当不超过环境自净或消纳的速度，环境发展的总趋势是正向的。

萨拉格丁认为，WCED对可持续发展的定义在哲学上很有吸引力，但在操作上有些困难。例如，能够做到既满足当代人的需求又不危及后代人的需求吗？如何对"需求"下定义？因为"需求"对于一个贫困的、正在挨饿的家庭，意思很清楚，而对于一个已经拥有了别墅、汽车的家庭意味着什么呢？而且恰恰是后一类的家庭，他们的人数不到世界人口的25%，却正在消费超过世界80%的收入。

穆拉辛格认为，WCED的定义在字面上难以令人满意。因为：一方面，当代人为了发展不得不继续改变生物圈；另一方面，每一种同历史相连的系统（如生态系统）被改变后，则将来选择的可能性也被改变了。因此，必须在当代人的利用和后代人的选择之间做出妥协。

美国有人对可持续发展的表述同WCED相似：满足现在的需求而不损害下一代满足他们需要的能力。进一步说，可持续发展是一种主张：①从长远观点看，经济增长同环境保护不矛盾；②应当建立一些可被发达国家和发展中国家同时接受的政策，这些政策既使发达国家的经济继续增长，也使发展中国家经济发展，却不致造成生物多样性的明显破坏以及人类赖以生存的大气、海洋、淡水和森林等系统的永久性损害。

世界自然保护同盟、联合国环境署和世界野生动物基金会1991年共同发表的《保护地球——可持续性生存战略》一书中可持续发展的定义是："在不超出维持生态系统涵容能力的情况下，改善人类的生活品质。"

美国世界能源研究所在1992年提出，可持续发展就是建立极少废料和污染物的工艺和技术系统。

普朗克（Pronk）和哈克（Haq）在1992年所作的定义是："为全世界而不是为少数人的特权而提供公平机会的经济增长，不进一步消耗世界自然资源的绝对量和涵容能力。"普朗克等认为，自然资源应当以如下方式被使用：不会因对地球承载能力和涵容能力的过度开发而导致生态债务。

世界银行在1992年度《世界发展报告》中称，可持续发展指的是：建立在成本效益比较和审慎的经济分析基础上的发展和环境政策，加强环境保护，从而导致福利的增加和可持续水平的提高。

1992年，联合国环境与发展大会（UNCED）的《里约宣言》中对可持续发展进一步阐述为"人类应享有与自然和谐的方式过健康而富有成果的生活的权利，并公平地满足后代在发展和环境方面的需要，求取发展的权利必须实现。"

英国经济学家皮尔斯（Pearce）和沃福德（Warford）在1993年所著的《世界无末日》一书中提出了以经济学语言表达的可持续发展的定义："当发展能够保证当代人的福利增加时，也不应使后代人的福利减少。"

叶文虎、栾胜基等人认为，可持续发展一词的比较完整的定义是："不断提高人群生活质量和环境承载力的、满足当代人需求又不损害子孙后代满足其需求能力的、满足一个地区或一个国家的人群需求又不损害别的地区或别的国家的人群满足其需求能力的发展。"

1991年国际生态学联合会（INTECOL）和国际生物科学联合会（IUBS）联合举行的关于可持续发展问题的专题研讨会上，将可持续发展定义为：能"保护和加强环境系统的生产和更新能力"的发展。这些生态学家所持的是纯生态观，即可持续发展的要义是"生态持续性"。

1991年由世界自然保护同盟（IUCN）、联合国环境规划署（UNEP）和世界野生生物基金会（WWF）共同发表的《保护地球：可持续生存战略》中，将可持续发展定义为"在生存于不超出维持生态系统承载能力之情况下，改善人类的生活品质"。"改善人类的生活品质"属于"经济发展"范畴，因此，"可持续性"被解释为"不超出维持生态系统承载能力"的经济发展。

巴伯在其著作中把可持续发展界定为"在保护自然资源的质量和其所提供服务的前提下，使经济发展的净利益增加到最大限度"。该定义建立在将"发展"概念的外延依发展对生态环境影响作用为标准进行分类的基础上。虽不是纯生态观，但有明显的生态优先倾向。

我国学者尚卫平在《可持续发展的定义及其评价指标体系》一文运用概念定义的逻辑方法，利用热力学揭示的嫡运动规律对"可持续发展"下了新的定义："既满足当代人的需要，又不致加速人类社会生命进程的发展。该定义包含三方面内容：一是鼓励社会经济发展；二是经济发展应与自然生态环境承载能力相适应；三是努力保证各国（各地区、各人）在"发展权"上的公平。"

一些环保至上主义的学者从技术选择的角度将可持续发展定义为："可持续发展就是转向更清洁、更有效的技术，尽可能接近'零排放'或'密闭式'工艺方法；以此减少能源消耗"，"可持续发展就是建立极少产生废料和污染物的工艺或技术系统"。

非常著名的"可持续发展"定义"既满足当代人的需求，又不对后代人满足其自身需求的能力构成危害的发展"是挪威前首相布伦特兰夫人在她主持由21个国家的环境与发展问题著名专家组成的联合国世界环境与发展委员会的报告《我们共同的未来》中首次提出的。这个定义鲜明地表达了两个基本观点：一是人类要发展，尤其是穷人要发展；二是发展有限度，不能危及后代人的发展。

上述种种可持续发展的定义尽管解释的角度，内涵的深浅与宽窄有所不同，但是，对于我们充分理解其含义，均有着不同程度的启迪作用。

第三节　可持续发展的基本特征与理论基点

一、可持续发展的基本特征

可持续发展理论是一种崭新的发展思想。它的目标是保证社会经济具有长时期持续发展的能力，既能满足当代人的需求，又不对后代人的需求能力构成危害。它的基本特征如下。

（一）以发展为核心

可持续发展的内涵既包括经济发展，也包括社会发展和保持、建设良好的生态环境。这就要求必须把经济、社会发展与人口、资源、环境结合起来考虑。可持续发展鼓励经济增长，因为它体现国家实力和社会财富。可持续发展不只重视增长数量，更追求改善质量、提高效益、节约能源、减少废物，改变传统的生产和消费模式，实施清洁生产和文明消费。我国实施可持续发展战略，坚持以人为本，以人与自然和谐为主线，以经济发展为核心，以提高人民群众生活质量为根本出发点，以科技和体制创新为突破口，坚持不懈地全面推进经济社会与人口、资源和生态环境的协调，不断提高我国的综合国力和竞争力。

（二）良好的生态环境是重要保证

可持续发展谋求实现社会经济与环境的协调发展和维持生态平衡。这就要求防止环境污染和生态破坏，保持良好的生态环境。还要以保护自然为基础，与资源和环境的承载能力相协调，发展主要依赖于可再生资源特别是生物资源的永续利用。发展的同时必须保护环境，包括控制环境污染，改善环境质量，保护生物多样性，保持地球生态系统的完整性，保证以持续的方式使用可再生资源，使人类的发展保持在地球承载能力之内。

（三）可持续发展要适应社会发展

可持续发展要以提高人们生活质量为目的，与社会进步相适应。可持续发展的内涵应包括改善人类生活质量，提高人类健康水平，并创造一个保障人们享有平等、自由、教育和安全权利的社会环境。可持续可总结为三个特征：生态持续、经济持续和社会持续，它们之间互相关联而不可分割。孤立追求经济持续必然导致经济崩溃；孤立追求生态持续不能遏制全球环境的衰退。

（四）代际、代内公平是必要条件

不以牺牲后代人的利益为代价来满足当代人的利益，不以牺牲其他地域人的利益为代价来满足本地域人的利益。可持续发展既要考虑当前发展的需要，又要考虑未来发展的需要，既要考虑本国、本区域发展的需要，又要考虑其他国、其他区域发展的需要，这就要求把当前发展与长远发展结合起来，把区域经济、国家经济和国际经济发展结合起来，促进经济增长方式由粗放型向集约型转变，使经济发展与人口、资源、环境相协调；实现经济和社会的长期可持续发展。

生态持续是基础，经济持续是条件，社会持续是目的。人类共同追求的应该是自然–社会复合系统的持续、稳定、健康发展。

二、可持续发展的理论基点

（一）可持续发展理论的社会伦理学基础

可持续发展理论彻底改变了传统的社会伦理学基础。它突出体现了各代人都有权利充分利用各种已有资源造福社会的代际公平观。当今天应用崭新科技从资源利用中获取巨大利益时，我们自然会首先感谢先辈将这些资源保存下来。从理论上推断，在人类的任何一代人中都存在"代际无知之幕"。所谓"代际无知之幕"是假定人们不知道自己所处的代际、资源在代际间的分配情况和自己应用资源的能力等特殊情况，但清楚资源利用对人类福利的影响和科技进步可以使资源潜在价值不断开发出来的一般规律。在这种状况中所有人处境是相似的，没有任何一代人能够设计出有利于自己特殊情况的资源利用原则。因此当处在"代际无知之幕"中，人类一般会选择可持续的资源利用原则，能够体现代际公平，可以保证任何一代人都不会因代际不同这样的偶然性因素得利或受害。这种"代际无知之幕"所带来的代际公平观为人类不断扩大资源利用范围提供了伦理约束基础。①

　　但是，资源存在本身就有巨大潜在价值。随着科技进步，人们可以预期同样一种资源将来肯定会得到比现在更有效率的利用，即用同样数量和品质的资源，预期将来能够生产出比现在更多更好的产品和服务。这种预期将来资源利用价值与现实价值的差距就称为潜在价值。某种资源的灭绝会使其丧失这种潜在价值。由于人类的理性是有限的，人们无法准确预测未来不同时间资源的潜在价值。那么，资源的潜在价值就有可能被大大低估，资源利用的私人（或社会）优化选择就可能会有过多的"最优灭绝"，这就会给"未来人"带来难以估计的使用者成本（即非持续方式造成资源灭绝的损失）。为了降低使用者成本出现的风险，就需要拥有一种可持续利用的伦理约束弥补人类理性的不足。

　　具有代际公平的伦理是资源可持续利用和社会可持续发展的基础。当"未来人"在权利制衡中缺位时，"当代人"必须要接受自身的伦理约束才能履行代际公平的理念。可持续发展作为伦理范畴，是人类对环境与发展问题反思的结果，人类这种崭新的意识蕴含着丰富的层次内涵。本书认为，可持续发展伦理包含着知识、态度和行动三个层次，如图1-2所示。

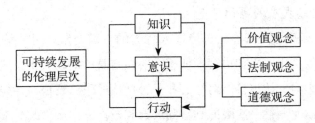

图1-2　可持续发展的伦理层次

　　在图1-2所示的三个层次中，可持续发展知识层次是指可持续发展及其有关问题的各种经验和基本理论，它是可持续发展伦理中的最基本因素，是其他层次的活动背景。可持续发展意识是第二层次，它来自于可持续发展知识层次，又明显地高于知识层次，它是对可持续发展知识的运用，也是对可持续发展及其有关问题的判断与评价，以及主动参与推进可持续发展战略的

① 陈安宁. 资源可持续利用的激励机制研究[J]. 自然资源学报，2000（2）：107-111.

动机与意向。而可持续发展的行动层次则是知识和意识的外在表现，是指利用有关技能，参与可持续发展问题的行为习惯和途径，是外化了的伦理层次。作为可持续发展伦理三个层次之一的意识层次，与其他层次相比，更体现了可持续发展伦理的深层内涵，这种深层内涵不仅是意识层次本身的蕴意，也是知识层次积累到一定程度的要求，而且是可持续发展行动的具体体现。在此把这种深层内涵概括为图1-2所示的可持续发展的价值理念、可持续发展的道德理念和可持续发展的法制理念。

1. 可持续发展的价值理念

可持续发展的价值评定不仅是以人类为尺度，而且是以更深层次的人类–自然系统为尺度；不仅是以人类的利益为目标，而且是以人类与自然的和谐发展为目标。在价值观念上，既承认自然界对于人类的各种价值，也承认自然界自身的价值，即它对地球生命支持系统具有的价值，对于生命和自然界可持续性的价值。既然自然资源是有限的和有价的，就必须珍惜保护、有偿使用。在利用自然资源的过程中重在追求效率与公平，避免浪费和破坏。可持续发展价值观的建立，将决定公众的态度及行为取向，是公众参与的动力源泉。

2. 可持续发展的道德理念

可持续发展的提出，是对当代人行为的重新规范。可持续发展要求人们具有较高的文化水平和道德责任感，明白自身的活动对于自然、对于人类社会长远的影响，认识自己对社会和子孙后代的崇高责任，并能自觉地为社会的长远利益而牺牲一些眼前利益和局部利益。人们应当改变不加节制地消费、奢侈浪费、过分追求物质利益、以牺牲环境来换取高额利润的各种不道德行为。人类不但要对自己讲道德，而且要对自然环境讲道德。不应为自身的利益而损害自然环境。道德调节的范围从人与人的关系，扩展到人类、社会和与自然界的关系。这种道德观的目标是人类、社会和环境的协调。

3. 可持续发展的法制理念

可持续发展伦理道德可以调节人类的行为，具有普遍的影响。然而，人们有时出于无知或者出于私利，不顾自然与社会经济的协调发展，损害了他人和后代人的利益。因而，必须借助社会法律形式，对可持续发展的各方面进行权利义务结构之间的重组和调整，迫使人们正视法律责任，强制人们的活动遵循自然生态、经济社会发展规律，重视公正公平和可持续性原则。调节人们在发展过程中发生的种种矛盾，有效地维护正常的有利于可持续发展的经济社会秩序。

（二）可持续发展理论的经济学基础

可持续发展涉及的内容非常广泛，包括环境污染、生态破坏、资源消耗、人口膨胀等问题的治理。这几方面都是经济发展的负面效应，这些负面效应说明经济发展是有代价的。经济发展结果是由不发达状态向发达状态的转变，在经济发展的过程中必然要付出一定的代价。在经济发展过程中，经济系统与生态环境系统之间存在着一定的相互影响，人类的生产与生活必须不断地同自然界进行物质能量、信息的交换，人类的选择必然会对自然的选择产生干预行为，这种干预行为必然会造成生态环境的破坏，也就是说经济发展必然会带来负面效应，这种负面效应便是经济发展的成本。

传统经济学只关心如何最大化、高效率地配置和利用现有稀缺性资源，而不从源头上关心是否永远有足够的稀缺性资源可供配置和利用，更不会面向未来前瞻性地去关心我们子孙后代的资源配置问题。经济发展的目标是单纯地追求GDP的增长，为了实现这一目标，人们往往以牺牲环境为代价，使经济发展成本过高，甚至超过了发展的收益，从而形成不可持续性的发展。所以，即使现在世界上只剩下了最后一个单位的资源，他仍然可能被市场机制这架精巧的机器以最大化利用的法则进行配置从而使用掉。微观的分配问题类似于在一条船中对于给定的负载如何进行最佳分配。但是，即使一条船的负载是最佳分配的，随着绝对负载量增加，它的水位线最终也会到达负载线。超出负荷，即使最佳装载的船也会沉没，尽管它们将以最佳的方式沉没。正是这一先天性理论缺陷决定了传统经济学根本就不能成为可持续发展理论的经济学基础。可持续发展理论要求有与其相适应的经济学基础，而现有的传统经济学理论又不能成为可持续发展理论的经济学基础，因此，必须重新树立新的能够与可持续发展理念相适应的经济学理论。

可持续发展的经济学基础不但把相对稀缺性而且更多地把绝对稀缺性作为自己的立足点和出发点；还要重新审视和界定人和自然、个人与社会、过去、现在与未来之间的关系，从意识上审视人类的行为特别是经济行为及其可能产生的影响；反思时间因素的存在及其在可持续经济学中的影响，必须把人类经济活动放到时间的长河中加以把握，而不能抽象出一个没有时间因素存在的所谓纯经济世界；重新确定主体，进一步认识资源，重新审视判断资源优化的准则，强调如何更好地共享资源。但是，可持续发展模式的提出并不能，也不可能完全消除经济发展成本，而只能将经济发展成本降低在一定的范围内，即，在生态系统自身能得到恢复的前提下，使发展收益大于发展成本，符合成本—收益法则。因此，经济发展成本就成了可持续发展的基本问题，经济发展成本的分析亦成为可持续发展的理论基础。然而面向可持续发展的成本经济学是包含了环境、生态、文明在内的泛成本经济学。从这一理论基础出发，可持续发展就是要治理环境污染，进行生态环境的保护，合理地利用资源，控制人口的过分膨胀，使经济发展对生态环境损害所形成的发展成本达到最小状态。

作为可持续发展的经济学只将能增进全社会利益的社会生产和自然活动看作是价值生产的源泉。个别活动是否是价值源泉，取决于它能否在给个人带来利益的同时又能增加社会整体的利益，能则是；反之，不仅不是价值生产源泉，而且是社会价值的耗费。这意味着，在可持续发展价值理论中，一定社会生产活动所形成的社会价值总量，并非传统价值中所有个体生产或所得价值量的简单相加。它还要在此基础上，加上这些生产活动所产生的外部经济价值，同时减去该过程造成的外部经济价值耗费，即加上生产活动所产生经济效益以外的社会和生态效益，减去相应的社会和生态损失。同时，在可持续发展价值理论中，那些不给特定人带来特殊经济利益，但对人类利益关系重大，并会影响到整个人类利益的生态环境资源，如空气、水及其环流系统、生命支持系统等，都是价值的源泉，而且是其中非常重要的组成部分。[①]

可持续发展的经济学是从再生产的全过程来考察它对人们福利的影响。如某种产品的生产，其对社会创造的价值，不仅包括该产品的直接消费者从

---

① 杨文进. 可持续发展经济学中的价值理论[J]. 生态经济，2000（8）：4.

中所得福利的这部分价值，而且包括它消耗资源而减少的这部分负价值存量、该活动对生态环境造成的净影响所产生或减少的这部分价值、它在消费及其残留废物处理过程中所造成的外部影响等方面所造成的价值变化。也就是说，它不像传统价值理论那样，只是从狭隘的生产和消费来看待一定经济活动的效率和价值生产，而是从再生产全过程来看待一定经济活动的效率和价值生产。如目前与人们生活密切相关的各种塑料包装产品，从再生产的全过程看，它们却是效率极低甚至是无效率的，它们造成的遍及城乡的白色污染，已成为令各国棘手的、并会贻害子孙的严重公害。它们对环境所造成的损害及对它们的治理费用，可能要远远大于它们的市场价值。可持续发展经济学价值理论中的资源配置优化标准，不再是看一定量生产是否给当事人带来最大的经济利益。而是看它能否给社会整体带来最大利益，同时不是看该活动是否能给当代人带来最大利益，而是看它能否给人类长期发展带来最大的长期利益。也就是说，可持续发展经济学的价值理论不仅关心当代人的利益，而且关心后代人的利益以及他们之间的利益关系。

（三）可持续发展理论的生态学基础

可持续发展理论的另一重要基础是人与自然的新型关系，生态文明是可持续发展的重要标志，是生态建设所追求的目标。可持续发展是一个起源于生态学的经济理论问题，在生态学家的启发与引导之下，人们才开始从经济、社会、生态环境等复合系统的角度来思考经济发展的可持续性问题。它应用生态学的概念、理论与方法研究该生态系统的结构、功能和行为，即根据生态学原理，综合研究社会-经济-自然复合生态系统，并应用生态工程、社会工程、系统工程等现代科学与技术手段而形成一个经济发展、社会进步、生态保护三者保持高度和谐，技术与自然达到充分融合，城乡环境清洁、优美、舒适，从而能最大限度地发挥人的创造力、生产力，提高生态文明程度的稳定协调的人工生命系统。这里所讲的生态文明，不仅包括有机生命与无机环境之间的协调关系，还包括有机生命之间、有机生命个体与群体之间的协调关系，是一个相互依赖、相互促进、共同进步的有机整体。生态文明反对人类的绝对中心论，反对人类不顾环境和生态平衡单纯地追逐经济利益，强调人与自然的整体和谐。致力实现人与自然的协调发展。可持续发展不仅用整体、协调、循环、再生的生态文明来调节人与人、人与社会之间的关系，而且也用生态文明来调节人与自然之间的道德关系，调整人的行为规范和准则。可见，可持续发展是在更高层次上对"以人为本"的一种肯定。虽然可持续发展的着眼点在于保护自然，但最终所关怀的还是人的生存与发展。不仅仅关怀人类现实的利益和发展，更关怀人类未来的利益和发展，最终目的是实现人的全面发展。

可持续发展要求逆转人类生态与自然生态的退化趋势，恢复人和自然的生态关系，重新调节社会的生产关系、生活方式、生态观念和生态秩序，促进人与自然、人与社会、人际和人的代际之间的和谐。可持续发展是一条从对立型、征服型、污染型、破坏型向和睦型、协调型、恢复型、建设型演变的生态轨迹，贯穿的是能量转化、物质循环、信息控制和生态平衡的生态规律。因此，从维系人与自然的共生、自生和再生的活力出发，从人与自然、人与社会以及人际和人的代际之间的公平性、共同性和持续性的原则出发，从社会的和谐共生和全面发展出发，从文明的延续、文明的转型和价值重铸的角度来认识，让生态文明最终超越工业文明。

有学者认为，生态利益是人类的最高利益。在生态文明时代，人类的利益不外乎三个层次：经济效益、社会效益和生态效益。这三个层次的效益在人类的利益结合中各有不同的地位和作用。生态效益是指在满足大多数人需要的同时保护和优化生态系统，保持生产力的可持续运行能力，以满足全人类的整体和长远需要的效益。由于生态效益代表的是全人类的整体和长远利益，因而它必然也是人类最高层次的压倒一切的根本利益。因此，符合生态文明要求的生态经济学就成为可持续发展理论又一重要基础。

生态生产力系统中占有举足轻重的元始地位的系统——生态系统不仅孕育了生产力系统本身，而且决定着生产力系统能否继续存在和以什么状态存在和运行质量；以致我们在某种意义上不得不说："生态是生产力之父"。优化的生态系统不仅孕育了包括人类在内的所有生命，从而创造了生产力系统并提供了生产力持续发展的原动力，甚至优化的生态本身就是巨大的生态生产力，是人类最宝贵的财富，因而保护和优化生态系统就是保护和优化生产力。优化的生态系统要求系统内的各种循环都是按最优的自然法则进行的，自然界的各种物质、能量能够达到最优的动态平衡，各种自然资源的再生与循环按自然固有的法则顺利进行。相反，劣化的生态系统是指生态系统的局部或大部由于人为原因而受到不同程度的破坏。以至于整个生态系统或其子系统不能按自然的法则进行循环，丧失了天然的运行规律，内部物质和能量的交换受阻。劣化的生态系统必然破坏生产力系统的运行环境，削弱直至丧失生产力系统的可持续发展能力，甚至劣化的生态本身就是巨大的负生态生产力，使人类陷入可怕的生存危机。因而，破坏生态系统就是破坏生产力。[①]

我国人民自古以来就有"天人合一"的朴素哲学思想，提出人类要效法自然法则，以平等的态度对待自然万物的观点。庄子《齐物论》说"天地与我并生，万物与我为一"，认为世间万物是一体的，人是自然万物的一部分。朱熹提出了"天人一理""天地万物一体"的生态伦理观点，将儒家伦理观从人际之间向人与自然之间拓展，把追求人与自然的和谐统一作为人的最高目的。但是，在实际发展过程中并未真正贯彻这一伟大的思想，以往人类发展史实际上是一部悲壮的"天人斗争史"，将人与自然相对立，视自然为敌，人类经常以自然的征服者自居，人类通过征服自然、改造自然、利用自然获取物质资料，认为发展是人类向自然单向索取的运动。可持续发展理论的产生正式终结了长期以来把发展经济和保护生态对立起来的错误观念，明确指出它们是相互联系、互为因果的，要科学地实现资源的优化配置和经济、社会、生态三大效益的统一。如果为了满足无穷的欲望，而毫无顾忌地掠夺自然资源，那么，环境污染与生态危机就不可避免，发展的健康性和持续性就失去了根基。保护生态环境是经济能够得到进一步发展的前提，也是人类文明得以延续的保证。人的经济活动要在经济系统中进行，同时存在于生态系统的运行中，既要受经济规律的制约，也要受生态规律的制约。环境与经济之间进行着两种相互交替的生产过程，即由环境支撑的经济生产过程和环境本身的再生产过程。所以说，破坏环境就是破坏生产力，保护环境就是保护生产力，改善环境就是发展生产力。

---

① 刘长明. 生态是生产力之父——兼论生态优先规律[J]. 文史哲，2000（3）：8.

从系统观点看，可持续发展的对象是由经济、人口、资源、环境所组成的复杂的人类生态系统。这个系统包括了不同的亚系统，在各亚系统内部、亚系统之间，进行着不停顿的能量转化、物质循环和信息控制，从而使系统的各部分处于相互依赖和相互制约之中，保持着系统的平衡。由于能量的投入与转化，可持续发展的复合生态系统得以存在和发展；由于物质在系统内外的循环，生态系统得以活化和再生；由于信息的传递和控制，生态系统得以有序地建立和延续。按照能量转化、物质循环、信息控制和生态平衡的客观规律，人类能够合理调控"生态–经济–社会"复合系统，从而维护系统的稳定性，实现整个系统的良性循环。

（四）可持续发展的理论三大支撑体系

综上所述，可持续发展理论主要有三大支撑体系，一是现代化的社会伦理学原理，二是可持续发展经济学原理，三是符合生态文明要求的生态学原理。但不是简单的叠加，而是相互融合的复杂的巨系统。可持续发展强调从传统社会向现代社会过渡的整合发展理念，从大的方面来说，应该包括经济、社会（包括人口）、环境（包括资源）三个方面。联合国机构和一些国家政府已把这称之为新的发展三角形。传统分析性研究把发展解释为单纯的经济问题、或单纯的社会问题、或单纯的环境问题，都没有覆盖发展的全部内涵。三个向度的整合发展体现了人类新的发展观，成为工业革命以来的第二次飞跃。经过第二次飞跃，人类开始从自然支撑系统对于人类发展的承载力出发，强调人类社会需要追求长期稳定的发展，并在此基础上整合成为具有很大包容性的可持续发展理念。

可持续发展基础理论明确了环境对人类活动的支持能力有一个限度（或阈值），人类活动如果超越这一限度，就会造成种种环境问题。环境承载力可以作为人类社会经济活动环境协调程度的判断依据之一。可持续发展基础理论承认环境是有价值的。环境之所以能直接或间接地满足人类社会生存发展的需求，首先是因为它具有响应需求的价值属性。可持续发展基础理论突出强调了发展与环境的"调适"和"匹配"。可持续发展基础理论还昭示了生态文明代表了人类未来文明的发展方向，同农业文明取代原始文明和工业文明取代农业文明的历史必然一样，生态文明也将会取代工业文明，因为人类的生态利益是高于社会利益和经济利益的最根本利益。因此，可持续发展理论是经济社会与生态环境在空间上优化、时间上无限的"天人合一"的崭新的发展理论。

第二章　西部地区的生态环境与经济发展状况

第一节　西部地区生态环境的脆弱性

一、生态环境的概念

地球作为生命的摇篮是宇宙中的一个奇迹，其在亿万年的演化中所形成的特殊的构造和功能，给人类提供生存的空间和资源，使人类在这里生息繁衍。这使其成为人类共同的家园和唯一的生存环境，到目前为止人类还没有在宇宙中发现第二个适合人类生存的星球。在地球表面，有着大量的水，它们形成了无数的江河湖泊，汇成了浩瀚的海洋。地球的外面包裹着一层厚厚的大气，江河湖海中的水被太阳光加热，形成了大量的水汽，进入大气就变成了形态万千的云彩。

地球与宇宙中绝大部分星球的最大区别是它具有勃勃生机。地球上生活着种类丰富的生物，在那莽莽林海、辽阔草原、沼泽池塘，乃至戈壁荒漠中都生长着各种奇花异草，栖息着众多珍禽异兽。人类赖以生存的自然环境包括地球上的大气圈、水体圈、土壤圈、生物圈等。"生态"一词最早是针对有生命的生物体而言的，主要是指生物在一定的自然环境下生存和发展的状态，既包括它们的生理特性和生活习性，也包括各种生物（例如动物、植物、真菌、细菌、病毒等）之间和各种生物与所在环境之间的相互联系和作用。

环境是相对于某一事物而言的，是指围绕着某一事物并会对该事物产生某些影响的所有外界事物，即环境是指相对并相关于某项中心事物的周围事物。对生物学来说，环境是指生物生活周围的气候、生态系统、周围群体和其他种群。对人类来说，环境是指人类周围的自然与社会总体，可以分为自然环境、社会环境、经济环境、文化环境等。

生态和环境这两个概念相互结合产生了生态环境这一新的概念。生态环境指各种生物生存和发展所需的各种自然因素和条件的总和。广义而言，生态环境是指大自然中各类生物能存活的环境，是影响人类与生物生存和发展的一切外界条件的总和，包括生物因子（如植物、动物等）和非生物因子（如光、水分、大气、土壤等）。从狭义上说，生态环境是指影响人类生存与发展的水资源、土地资源、生物资源以及气候资源数量与质量的总称，是关系到社会和经济持续发展的复合生态系统。人类自身的属性使得人类需要空气、淡水以及其他自然资源，这些都必须从生态环境中获取，因此只有在生态系统中人类才能够生存，良好的生态环境是人类赖以生存和发展的基础。生态环境的概念和自然环境的概念严格来说并不相同。只要是天然存在的各种因素的总体都可以称为自然环境，但是生态环境专指具有一定生态关系所构成的自然系统。

二、生态系统与生态脆弱性

（一）生态系统的概念

所谓生态系统，是指在一定的空间和时间范围内，各种生物之间以及生物群落与其生存的无机环境之间，通过能量流动和物质循环而相互作用的一个不可分割的统一整体，生态系统是生物与环境之间进行能量转换和物质循环的基本功能单位。而生态脆弱性则是指生态系统或环境对各种自然和人类干扰的变异程度，用来反映区域生态环境遇到干扰时偏离平衡态的概率，以及产生生态退化症兆的难易程度或可能性。

英国生物学家克拉彭（A.R.Clapham）很早就将各种生物种群与其生存的环境作为一个整体来研究，并提出了生态系统这一概念：指物理因素与生物因素所构成的整个环境。

1935年，英国生态学家坦斯利（A.G.Tansley）受丹麦植物学家瓦尔明（E.Warming）的影响，对生态系统的组成进行了深入的考察，进一步深化了生态系统的概念。从现代生态学研究的观点看，生态系统是指在一个特定的区域环境中所有生物体和其他物质的总和，是由生命有机体（或生物群落）及其所在环境组成的相互作用与联系，具有特定功能的综合体。在生态系统中占主导地位的因素是生物群落，系统中的非生物物质（如空气、水、阳光）与生物体相互联系与影响，不断的相互进行物质循环和能量交换（生物体与生物体之间、生物体与非生物体之间），这样就形成了一个动态的开放系统。一个完整的生态系统通常都包含以下四部分。

（1）生产者，能够直接利用阳光和二氧化碳进行光合作用的植物或微生物，这些生物也称为自养生物，它们将无机物转变为有机物，为其他生物提供了物质与能量的来源。

（2）消费者，依赖于生产者提供食物或依靠摄取其他生物为生的异养生物，不同级别的消费者几乎涵盖了所有的动物，通过捕食和寄生关系在生态系统中传递能量。

（3）分解者，又称"还原者"，以各种细菌和真菌为主，也包含屎壳郎、蚯蚓等腐生动物，它们可以将生态系统中的各种无生命的复杂有机质（尸体、粪便等）分解成水、二氧化碳、铵盐等可以被生产者重新利用的物质。

（4）非生物环境，是生态系统中可供生物利用的非生物组成部分，包括阳光、空气、水、土壤、岩石等。阳光是绝大多数生态系统直接的能量来源，水、空气、无机盐与有机质都是生物不可或缺的物质基础。

生态系统可大可小，小至一个池塘，大至整个生物圈，都可以认为是不同尺度的生态系统。生态系统可分为自然形成与人工形成，前者包括海洋生态系统、草原生态系统等，后者包括农田生态系统、鱼塘生态系统等。还可将生态系统分为森林生态系统、草原生态系统、荒漠生态系统、湖泊生态系统、海洋生态系统、农田生态系统等。不论是自然的还是人工的生态系统，都具有以下共同的特点。

（1）生态系统是生态学上的一个具有相对完整结构的基本功能单位。

（2）生态系统是一个与外界不断交换物质能量信息的动态开放系统。

（3）生态系统都具有与其自身结构复杂度正相关的自我调节能力。

（4）生态系统都具有物质循环和能量流动两大基本功能。

（5）生态系统都要经历一个从简单到复杂、从不成熟到成熟的发育过程。

（二）生态脆弱性的概念

任何一个生态系统都具有在一定范围内抵抗外界环境变化、干扰并保持系统平衡的能力，即生态系统具有一定的稳定性。这种稳定性通常是由生态系统的自我调节能力来实现的，自然生态系统的自我调节能力主要表现在三个方面：同种生物的种群密度的调控、异种生物种群之间的数量调控、生物与环境之间的相互调控。不同生态系统具有不同的自我调节能力，一个生态系统的物种组成越复杂、结构越稳定、功能越健全、生产能力越高，它的自我调节能力也就越高，反之则越低。生态系统的自我调节能力通常是以内部生物群落为核心的，有着一定的承载力，生态系统的自我调节能力是有一定范围的。因此，生态系统的稳定性是有限的，当外界环境变化和干扰超出系统所能承受的某个临界值时系统就会失去稳定性，出现系统失衡。这表明生态系统的平衡是脆弱的，即生态系统具有一定的脆弱性。

生态脆弱性是指生态系统暴露在威胁之下而具有的敏感性和难愈度。即在自然或人类活动的驱动（扰动）下，特定空间区域生态环境所表现出的易变性，这种变化往往是向不利于人类生存、发展、利用的方向发展。

1. 生态脆弱性的表现

生态脆弱性主要体现在以下几个方面。

（1）生态稳定性差。对人类活动干扰及突发灾害影响的抵抗力较弱，容易出现自然生态功能的紊乱，自然环境易向不利于人类利用的方向演替。

（2）生态敏感度高。对外界变化和人为干扰产生的不良反应灵敏，在受到干扰时易从一种状态转变为另一种状态，特别是转向更不利于人类生存发展的状态。

（3）自恢复能力弱。受干扰失稳和状态改变后，系统很难依靠自己的力量在短时间内完全恢复到原来的状况，即当干扰程度超过一定范围是很难逆转的。

（4）生态承载力低。表现为生态环境容量较小，生态弹性较弱，生态再生能力较差，系统自我维持和自我调节能力的阈值较低。

2. 生态脆弱区及其主要特征

生态脆弱区是指那些对环境因素的改变反应敏感，维持系统稳定的生态阈值低，生态环境和生态功能易向不利于人类利用的方向发展，并且在现有的经济水平和技术条件下，这种负向发展趋势无法得到有效遏制的区域。这些区域在各种因素（包括自然和人为）影响下，容易形成环境退化、水土流失、水资源短缺、土地生产力下降。属于生态稳定性差、生物组成和生产力波动性大，对人类活动及突发性灾害反应敏感，自然环境易于向不利于人类利用方向演替的一种自然环境类型。

最容易形成生态脆弱区的地区有以下特点：①不同生态系统过渡区或交错地带；②气候变化大且对农业生产影响较大的地区；③自然地质灾害发生比较频繁的区域；④土地人口承载率低的地区；⑤经济贫困的农村和山区；⑥环境污染和生态退化严重的地区。

生态脆弱区具有以下一些基本特征。

（1）抗干扰能力弱。生态脆弱区抗干扰能力较差，对环境变化比较敏感，自我修复能力较弱，受到影响后自然恢复的时间较长甚至无法自然恢复。

（2）对气候变化敏感。生态脆弱区生态系统中的很多因素处于临界状态，气候变暖和极端气候事件等为主要特征的全球气候变化对其影响较大。

（3）时空波动性强。生态脆弱区的不稳定性随时空波动，表现为气候要素和生产力等在季节和年际间变化，以及系统生态界面的摆动或状态类型变化。

（4）边缘效应显著。生态脆弱区常常处于不同生态系统之间的过渡地带或交错区域，是物种相互渗透的群落过渡区和环境梯度变化明显区，具有较强的边缘效应。

（5）环境异质性高。生态脆弱区的边缘效应使区内气候、生物等相互渗透，并发生梯度突变，导致环境异质性增大，出现植被景观破碎化、群落结构复杂化等。

由于地质地貌和气候条件的不同，生态脆弱区可分为：高原生态脆弱区、丘陵生态脆弱区、平原生态脆弱区、干旱生态脆弱区、城市生态脆弱区、山地生态脆弱区、植被交错生态脆弱区、农牧交错生态脆弱区、荒漠绿洲交接生态脆弱区、岩溶山地石漠化生态脆弱区、水陆交接带生态脆弱区等不同的类型。生态脆弱区在受到自然和人为干扰等负面影响的直接结果是土地退化，包括土壤和水资源、地表及其植被和作物的退化。因此，在生态脆弱地区，自然生态方面往往呈现出土地干旱化、草场沙漠化、山地石漠化、土壤盐碱化、水土流失、肥力下降、植被退化、生物种类减少、生物多样性降低，土地适宜性降低，灾害强度和频度增加等特征。在社会经济方面往往表现为农业生产能力低下、工业经济发展落后、人口素质较低以及贫困面大等。

生态脆弱地区的脆弱性是生态环境对内部和外部各种干扰活动或过程的不良反应，可用生态脆弱度来反映这种不良反应的强度（对干扰活动的反应速度和程度），生态系统对各种干扰的反映强度取决于干扰因素的性质、强度和生态环境的组成要素及内部结构的稳定性。生态脆弱地区具有敏感性，脆弱生态环境下的主导因素处于临界（边际）状态，其保持稳定的临界范围也比较窄，脆弱生态环境本身对干扰因素的抗逆性、承受能力相对较差，其生态环境系统的自我维持能力较弱。脆弱生态环境对于干扰因素或干扰过程的耐受力和自身的可塑性或弹性降低，即敏感性强，易于产生环境退化或劣变。生态脆弱地区具有不稳性，在同等干扰下，生态脆弱地区的生态系统更容易发生性质上的变化，表现出极易在干扰下偏离系统原有的平衡状态，从而向着生态恶化的方向发展的特点。

3. 生态脆弱区形成的原因

造成生态脆弱地区生态脆弱的根本原因有自然和人为两个方面。

（1）自然因素。包括地质构造、地貌特征、地表组成物质、生物群体类型及气候状况等。地质地表结构不稳定（如石灰岩山地丘陵、山地陡坡等）、生物群体结构过于简单（系统内部物质能量过程不协调等）、气候条件不适宜（如光、热、水的量和变率不匹配）、极端灾害气候（如干旱、洪涝、大风等）等都是造成生态脆弱的自然原因。

（2）人为因素。人类在生产生活过程中，对资源的不合理的开发利用加剧了区域生态的脆弱性。主要表现为人类对土地的过度开垦、乱砍滥伐、毁林开荒、过度放牧、围海（围湖）造田、湿地占用、不合理灌溉、矿山开发、废弃物排放、工农业污染等。因此，要保持生态脆弱地区生态环境的良性发展，就必须因势利导，尽量遏制不利的自然因素，避免不利的人为因素对生态环境的影响。

三、西部生态脆弱区的生态环境分析

西部的生态脆弱区是目前我国重点关注的区域之一，特殊的地质地貌和气候条件使得该区域生态环境异常脆弱，且由于受地理位置、历史、民族习惯等因素的影响，该区域经济发展缓慢、人民生活水平普遍偏低、产业结构不合理，经济发展方式仍以资源消耗和生态破坏为代价。

（一）西部生态脆弱区的区域划分

中国地域辽阔，自然条件复杂多样，人类活动的影响在不同的区域差异显著。仅从生态特征考虑，可将我国的生态脆弱区划分为以下几部分。

（1）北方半干旱脆弱区。范围东起科尔沁草原，经鄂尔多斯高原南部和黄土高原北部，西至河西走廊东端，总面积约251万平方千米的地区。

（2）北方干旱脆弱区。范围主要包括甘肃、新疆的61个县（市）约59万平方千米的地区。

（3）南方丘陵脆弱区。北至长江，南至两广，东至海域，西至云贵的大片低山丘陵区域。

（4）西南山谷脆弱区。包括由一系列高山峻岭和金沙江、澜沧江、怒江等紧密排列的岭谷相间区的横断山区。

（5）西南岩溶脆弱区。主要包括贵州、广西的76个县（市）约17万平方千米的地区。

（6）青藏高原脆弱区。面积约260万平方千米，属于高寒海拔生态脆弱区。

从区域经济与生态联系的视角，为了研究的方便，我们将西部生态脆弱区划分为：西北干旱及沙漠化地区、西南山地及石漠化地区、青藏高寒复合侵蚀地区等三大区域。

（1）西北干旱及沙漠化地区。包括黄土生态脆弱区（太行山以西、日月山以东，秦岭以北、长城以南，面积约40万平方千米）、河西生态脆弱区（黄河以西狭长地区，东西长千余千米，南北宽百余千米）、蒙西生态脆弱区（包括阿拉善、乌海、巴彦淖尔、鄂尔多斯等地及包头以西地区，面积约39万平方千米）、天山生态脆弱区（新疆中部长约2500千米，宽约280千米，平均海拔约5000米的地区）、河套生态脆弱区（位于内蒙古、宁夏，西到贺兰山，东至呼和浩特市以东，北到狼山，天青山，南界鄂尔多斯，面积约2.5万平方千米）、塔里木脆弱生态区（位于天山和昆仑山，阿尔金山之间，东西长1400千米，南北宽约550千米，面积约56万平方千米）、准噶尔脆弱生态区（西起巴尔喀什湖，北越阿尔泰山，东到吐鲁番，西南至吹河、塔拉斯河的广大地区）。

（2）西南山地及石漠化地区。该区域北起秦岭山脉南麓，南至广西盆地，西至横断山脉，东抵罗霄山脉西侧，跨中国大地貌单元的三级阶梯。主要包括西南山地农牧交错脆弱区和西南岩溶山地石漠化脆弱区。西南山地农牧交错脆弱区主要分布于青藏高原向四川盆地过渡的横断山区，涉及行政区域有四川阿坝、甘孜、凉山等州，云南迪庆、丽江、怒江，以及贵州西北六盘水等40余个县市范围，地形起伏大、地质结构复杂、水热条件垂直变化明显的区域。西南岩溶山地石漠化生态脆弱区又称西南喀斯特地区，主要分布于我国西南石灰岩岩溶山地区域，涉及行政区域有川、黔、滇、渝、桂等省市的部分地区。区域包括典型喀斯特岩与地貌景观生态系统，喀斯特森林生态系统，喀斯特河流、湖泊水体生态系统，喀斯特岩溶山地特有和濒危动植物栖息地，等等。

（3）青藏高寒复合侵蚀地区。青藏高原位于中国的西南部，介于北纬26°—39°，东经73°—140°之间，即横断山脉以西，喜马拉雅山以北，昆仑山和阿尔金山、祁连山以南的大片地区。包括青海省、西藏自治区、四川西部、云南西北部、甘肃西南部、新疆南部等边缘地区，以及雅鲁藏布江中游高寒山地沟谷地带、藏北高原和青海三江源地区等地。总面积约260万平方千米，约占我国陆地总面积的26%，是我国面积最大，环境最为脆弱的地区。其中西藏、青海、甘肃三省区的生态环境整体上属于极度脆弱区，四川、云南等省藏区的生态环境属于强度脆弱区。青藏地区的平均海拔在4000

米以上，是世界上面积最大地势最高的高原，也是中华的水塔，黄河、长江、澜沧江（湄公河）都发源于此，区域内的河流还有怒江、雅鲁藏布江、恒河、印度河，等等。

赵跃龙[①]等研究者根据地貌条件、气候因素等主要成因，认为可以将中国分为七大生态脆弱区，并在此基础上按照景观生态特征、地貌条件、土壤表现等再细分为若干亚区。如表2-1所示。

表2-1　脆弱生态环境类型成因类型指标

序号	名称	主要分布区	主要成因
1	北方半干旱-半湿润地区	呈条带状分布，北起大兴安岭西麓，东至科尔沁沙地，西至河西走廊东端，在毛乌素沙地到黄土高原段南北范围最宽可达300余千米	降水量少，降水不稳定，蒸发与降水关系到对利用的影响
2	西北半干旱区	呈环带分布，包括天山山脉南坡和昆仑山北坡的环状带以及从祁连山北坡的河西走廊至罗布泊的条带	水源缺乏，水源保证不稳定、风蚀、堆积、过垦
3	西南山地区	主要集中于横断山脉中段，尤以干热河谷、盆地为严重	流水侵蚀，干旱，过垦、过伐、过牧
4	西南石灰岩山地区	从长江以北大巴山东段向南延伸至川渝鄂贵，滇桂接壤区	溶蚀、水蚀
5	青藏高原区	分布于雅鲁藏布江中游各地	降水量少且不稳定，蒸发与降水关系到对利用的影响，农牧过度
6	华北平原区	呈不连续分布，范围大致从黄河花园口至黄河冲积平原并延伸到渤海滨海平原	排水不畅风沙、风蚀
7	南方丘陵区	范围大致与江南红层盆地与丘陵区相当，呈不连续分布，主要有浙皖、赣中南、湘赣、湘中丘陵，南岭山地	过垦、过樵流水、侵蚀

从表2-1可以看出，我国的生态脆弱区除华北平原区和南方丘陵区外，总体分布在欠发达地区集中的西部，可以说我国生态环境脆弱区的主体部分在西部。我国西部大部分地区具有以下特征：海拔较高、地域辽阔、自然情况复杂、自然资源和生物多样性丰富，处在中国地势三级阶梯的最高层次，是中国主要江河的发源地；地貌类型多样，以山地地貌为主，地势起伏大。这一区域的部分地区生态环境先天具有一定的脆弱性，易于失衡。如地表组成物质本身具有一定势能，在重力梯度和流水的作用下，容易产生水土流失。

① 赵跃龙.中国脆弱生态环境类型分布及其综合整治[M].北京：中国学出版社，1999.

目前这些区域的发展没有完全脱离对大自然的过度依赖和索取。农业生产的大水漫灌，牧业生产的超载过牧，矿业的不合理开发，乱采滥伐，都使得原本十分脆弱的生态继续退化。因此有必要对该地区生态环境的主要特点和各类生态危机进行深入分析。具体来讲，我国西部地区生态环境的主要特点有以下两点。

（1）高原山地地形，西部地区90%以上的面积位于第一、二阶梯之上，地形以高原山地为主，面积占土地总面积的68.8%，平原仅占31.2%；海拔1000米以上区域占土地总面积的69.9%，海拔3000米以上区域则占土地总面积的31.2%。一般认为，海拔每升高100米，年平均气温下降0.5℃~0.6℃。因此，西部地区与同纬度其他地区相比具有普遍低温的气候特点，从而决定了其草场资源丰富、耕地资源稀缺，农业适宜性低，特别是种植业发展的区域范围极为有限，农业发展具有"农牧结合"的典型特征。

（2）气候高寒干旱，西部地区80%的土地面积属于高寒干旱气候区域，年平均气温比同纬度的其他地区特别是东部沿海地区气温要低得多。绝大部分地区距海遥远、降雨稀少、气候干旱、土地贫瘠、水资源匮乏，自然条件十分严酷，社会经济发展水平较低。

长期以来，由于自然、经济、社会和历史等多方面的原因，造成该地区的生态环境不断恶化，生态形势相当严峻。由于该地区的地理位置、地形与地势的相对关系，决定了其对经济相对发达的中东部地区生态环境的重要支撑作用，在国家可持续发展中占有生态保障地位。我国欠发达地区集中的西部地区的生态环境变化直接影响到我国经济发展与社会的安定，关系到我国的可持续发展，战略地位极为重要。西部地区的生态环境脆弱特征不仅阻碍该地区经济的进一步发展，而且已经成为生存环境的重大隐患。

（二）我国生态脆弱区的主要类型

我国国土面积在东西方向和南北方向上的跨度都比较大，地质情况和气候类型多种多样，由不同因素导致的生态环境状况也比较复杂，因此生态脆弱区的类型也呈现出多样性。我国从经度位置看，东西横跨了五个时区，从纬度位置看，南北跨越了多个气候带。地质结构和地形状况复杂多样，地势高差巨大，地表高低起伏。西部以山地为主，东部则以平原和丘陵为主，地势总特征为西高东低。从青藏高原向北、向东延伸，各类地形呈阶梯状逐级降低。我国既有雄伟的高原、起伏的山岭、广阔的平原、低缓的丘陵，还有各类大小不等、群山环抱、周高中低的盆地；既有高山又有峡谷；既有陆地又有海洋；既有沙漠也有绿洲。全球陆地上的5种基本地形类型，我国均有分布。其中山区面积占全国总面积的2/3。因此，我国生态脆弱区的类型较多。根据生态系统抗干扰能力、气候敏感程度、时空波动性、边缘效应及环境异质性等脆弱性特征，我国最典型的生态脆弱区主要由以下几类。

1. 林草交接与农牧交错类

（1）林草交接类脆弱区。属于半湿润森林草原与向半干旱草原带过渡的地区，一般位于我国南北冷暖气流作用强烈的气候过渡带，属于温带大陆性气候和温带季风气候交界处，因此表现为同时具有大陆性和季风性的气候特征。其过渡带特征明显，群落结构复杂，环境异质性大，对外界反应敏感。

（2）农牧交错类脆弱区。既有农业又有牧业的区域，如我国东部农耕区与西部草原牧区相连接的半干旱生态过渡地带。由于区域自身内部结构的不稳定性，如土壤干燥贫瘠、地表组成物质疏松等，加之外部环境的变化幅度加大，如降水量少且变动幅度大、风多风大等，导致农牧交错区呈现出严重的土地退化、沙化和盐碱化。表现出植被分布地带经常变动、农区牧区交错分布、农业发展不稳定、农业生产力低下等方面的特征。

2. 荒漠绿洲与草原沙化类

（1）荒漠绿洲类脆弱区。属于干旱沙漠与绿色植被的交接过渡地带，所谓绿洲是指沙漠中有水源保证，适于植物生长的独特地理景观。我国的沙漠绿洲边缘带大多位于西北干旱半干旱地区，如内蒙古河套平原和宁夏银川平原，贺兰山以西祁连山、阿尔金山和昆仑山以北地区，塔里木盆地南缘、准噶尔盆地南缘、塔克拉玛干沙漠、河西走廊等地区都是比较典型的沙漠绿洲边缘带。

（2）草原沙漠类脆弱区。大多位于我国西北的草原退化和土地沙化地区，该区域环境异质性大、自然条件恶劣、年均降水量少、水蒸发量大、水资源极度短缺、土壤贫瘠、植被稀疏、风沙活动强烈、土地沙漠化严重。该区域处于人类活动和自然力量交会的地带，在干旱风蚀作用和人类活动干扰下，极易导致边缘带固定沙丘的活化和耐沙植物的死亡，造成沙化入侵。

3. 岩溶山地与阶梯过度类

（1）岩溶山地类脆弱区。通常位于表层土壤浅薄、水土流失严重的山地高原区，区域降水量大，融水侵蚀严重，人类过度砍伐山体林木资源，大面积的陡坡开荒，造成严重水土流失，植被覆盖率低。加上喀斯特石山区土层薄、基岩出露浅、暴雨冲刷力强，大量的水土流失后岩石逐渐凸现裸露，呈现"石漠化"现象，在大雨的作用下，极易发生山体滑坡、泥石流等自然灾害。

（2）阶梯过渡类脆弱区。位于我国三大阶梯之间的相互过渡区域，区域内山峦起伏，坡陡谷深，地貌类型多样。大坡度山地在重力作用下容易产生滑坡与崩塌。其基底往往有比较深而大的断裂层，具有很大的高度差，在应力梯度作用下，易形成地震活动带。特殊的地形条件导致该地区形成既不同于山地又不同于平原的特殊地理现象，极易发生地质灾害。

4. 高原复合与山地起伏类

（1）高原复合类脆弱区。主要分布于雅鲁藏布江中游高寒山地沟谷地带、藏北高原和青海三江源地区等。生态环境脆弱性表现为地势高寒、气候恶劣、自然条件严酷、植被稀疏，具有明显的风蚀、水蚀、冻蚀等多种土壤侵蚀现象。包括高原冰川、雪线及冻原生态系统，高山灌丛化草地生态系统，高寒草甸生态系统，高山沟谷区河流湿地生态系统等。

（2）山地起伏类脆弱区。主要分布于青藏高原向四川盆地过渡的横断山区，生态环境脆弱性表现为，地形起伏大、地质结构复杂，水热条件垂直变化明显，土层发育不全，土壤瘠薄，植被稀疏，受人类活动的影响强烈，区域生态退化明显。包括亚热带高山针叶林生态系统、亚热带高山峡谷区热性灌丛草地生态系统、亚热带高山高寒草甸及冻原生态系统、河流水体生态系统等。

（三）西部生态脆弱区的生态环境状况

我国西部生态脆弱地区的生态环境状况总体上不容乐观，且大多数地区的生态环境都显现出了逐渐恶化的趋势。造成生态脆弱的原因，既有干旱、高寒等原生性的气候问题，及缺水、土薄等原生性的地质问题，也有人为造成的"三废"污染等派生性的环境问题，但脆弱地区生态问题更多的还是由于人类生产生活中不合理的行为所引起的，这导致了生态脆弱区地表的土、水、空气等人类生存的最基本因素都存在严重问题。最突出的问题主要表现为水土流失严重、水资源短缺加剧、植被破坏严重、荒漠化加速、高寒干旱严重、环境承载下降、生物多样性锐减、自然灾害频发等方面。这必须引起人们的高度警觉与重视。

1. 水土流失严重，水源短缺加剧

从根本上说，我国的许多生态脆弱问题多与地表土的流失或者变异有关。有关数据显示全国每年水土流失面积占国土总面积的19%左右。例如秦岭伏牛山段以北、黄河河套地区及阴山以南，太行山以西，日月山以东的广大黄土高原区域，由于黄土地特有的地形破碎、沟壑纵横、土质疏松、降水集中、暴雨强度大等物理特性，再加上多年农牧业发展对植被的破坏，导致水土流失严重。我国本身就是一个水资源严重短缺的国家。人均水资源量仅为世界人均量的四分之一，被列为全球最缺水国家之一。在全国的农业自然灾害中，旱灾就占了70%。水资源短缺在生态脆弱区表现得更为突出，既有气候性缺水，也有资源性缺水，还有工程性缺水。

2. 植被破坏严重，荒漠退化加速

许多生态脆弱地区，由于气候、地质等自然条件影响，以及乱砍滥伐、毁林毁草等人为原因，导致森林和草地破坏严重：大量林地被侵占，森林植被遭到破坏，森林生态功能严重衰退。过度放牧和滥采乱挖，导致草原生态严重退化，大面积的牧场无草可采食。中国是世界上荒漠化最严重的国家之一，荒漠化土地面积达264万平方千米，其中尤以沙漠危害最为严重，并且还有扩大蔓延的趋势。

3. 高寒干旱严重，环境承载下降

主要以新疆、青海、西藏三省区的沙漠地区和帕米尔高原及青藏高原的高寒地区为代表，特别以塔克拉玛干地区最为严重。此外，还包括北疆、东疆的沿边地带和青藏高原的河源区。其特点是海拔高、气温低、降水少、生态系统结构简单、抗干扰能力弱和易受全球环境变化影响等。由于地势高，夏季风难以影响此地，导致降水少，空气较薄，保温性能差，加之地表生态脆弱，岩石裸露，使得青藏高原地区常年平均气温较低。

在高寒与干旱的交替作用下，这一地区生态系统的生产力每况愈下，结果使有限的环境承载力进一步下降。生态环境的加速恶化、土地质量的不断退化、气候的更不稳定、水资源的持续危机，再加上这些区域的海拔地势高、气候干冷、水源匮乏、植被的生长期进一步缩短、生态环境恶劣，使其环境容量和承载力进一步下降。

4. 生物多样性锐减，自然灾害频发

在生态脆弱区中受环境恶化威胁的高等植物物种近千种，不少珍贵动植物的数量和分布区明显减少，由于大量湿地退化，许多两栖类、鸟类等关键物种栖息地遭受严重破坏，水域的某些珍贵水生物种和敏感物种逐步减少以至消失，生物多样性严重受损。由于生态环境恶化，导致我国生态脆弱地区的自然灾害频发，每年都有局部的洪水和局部的旱灾、虫灾、地震、泥石流等。生态的破坏使农业的生态链被损害，影响农作物的收成。森林砍伐、草地破坏、杀虫剂的过度使用、化肥的滥用，已经使土地的生产能力日益退化。生态环境的恶化加剧了各种自然灾害的发生，造成巨大经济损失。

（四）西部地区的生态环境脆弱问题

西部生态脆弱区的重要特征是其具有脆弱的生态环境，特别是在人类的不合理开发利用的影响下，生态环境恶化严重，严重制约了西部地区的经济发展。由于各个分区处于不同的地理分布带，导致他们的生态脆弱问题各不相同，表现出不同环境特征及现状。通过深入分析西部地区生态环境脆弱性问题，可以为制定西部生态脆弱地区经济发展对策提供科学依据。

我国西部地区包括重庆市、四川省、陕西省、云南省、贵州省、广西壮族自治区、甘肃省、青海省、宁夏回族自治区、西藏自治区、新疆维吾尔自治区、内蒙古自治区的乌兰察布、呼和浩特、包头、鄂尔多斯、锡林郭勒、阿拉善盟，涉及十二个省、自治区和直辖市。除四川盆地和关中平原以外，西部地区中绝大部分地区是我国经济欠发达、需要加强开发的地区。西部地区地域辽阔，南北跨越28个纬度，东西横贯37个经度，远离海洋，自然条件复杂。绝大部分土地被山地、高原和盆地所占据。我国的四大高原即青藏高原、黄土高原、内蒙古高原和云贵高原，四大盆地即塔里木盆地、准噶尔盆地、四川盆地、柴达木盆地，它们均集中于西部地区。从地势上看四大高原占据西部地区面积的绝大部分，四大盆地位居其中。西部地区中不同区域由于地质地貌及气候的差异较大，形成了西南季风、西北干旱和青藏高原等三类自然气候区，呈现出各自的自然特点。

其中西南部属于季风区域，具有气候温和、降水丰富、湿度大、无霜期长等特点；西北部呈现出明显的半干旱和干旱的气候环境，具有降水量少、蒸发量大、温差大、风力强的特征；青藏高寒地区，具有气候寒冷干燥、日照时间长、热量年较差小日较差大的特点。除西南地区气候相对湿润，气温相对均衡外，其他地区均表现出年降水量较少的特征，且呈现出由东南向西北降水量递减的趋势，从而形成了气候在西部地区整体相对干旱，气温差异相对较大的特征。

西部地区绝大多数省区市处于内陆腹地和西部边陲，全国78%的少数民族和87%少数民族自治（州）盟、自治县（旗）分布在这个地区，与蒙古、俄罗斯、塔吉克斯坦、哈萨克斯坦、吉尔吉斯斯坦、巴基斯坦、阿富汗、不丹、尼泊尔、印度、缅甸、老挝、越南13个国家接壤，陆地边境线长达1.8万余千米，约占全国陆地边境线的91%；与东南亚许多国家隔海相望，有大陆海岸线1595千米，约占全国海岸线的1/11。由于西部地区远离国内与国外发达的大市场，导致其与这些市场接触较少。受交通、信息通讯的制约，西部地区不仅自然资源和商品的输出受到限制，而且发展经济所必需的人才、技术、信息、资金等资源也不易得到。再加上西部地区周边国家经济市场均不太发达（俄罗斯除外），使得西部地区的对外开放施行，科学技术引进、资金获取和管理技术发展受到很大的限制。西部地区地理上的基本特征有以下几点。

（1）地势高差大。西部地区的地势西高东低、北高南低。川西滇西山地自北而南的走向清晰地反映了山脊线、高原面和谷地海拔沿同一方向递降的特点。地势起伏之大相比其他各区十分罕见，最大高差相差近7500米。

（2）山区面积广。西部地区的山地占其陆地面积的80%以上，山地面积占比超过90%的省有贵州、云南和四川，重庆、陕西的山地面积占比也逾80%，其余各省（区）的山地面积占比均达50%以上。

（3）平均海拔高。全世界陆地平均海拔高度约860米，中国大陆平均海拔高度1595米，西部地区的平均海拔在3000米以上。位于第一级阶梯的青藏高原，平均海拔在4000米以上；位于第二阶梯的内蒙古高原、黄土高原、云贵高原平均海拔都在2000米以上；中国西部地区由于其特殊的地形地貌、地理位置以及气候条件，历史上生态环境条件就较为脆弱，再加上自然环境的演变和人类行为的干预后。西部地区已成为中国生态环境最脆弱的地区，大部分地区的森林覆盖率很低。水土流失严重，大量的河道淤积、河床升高，土地荒漠化严重。严重的生态环境脆弱问题不仅对西部地区发展有很大的影响，并且对中、东部地区的社会和经济发展都构成了很大的威胁。因此，如何加强生态环境保护，已成为加快西部地区发展必须研究的关键问题。

（五）西部地区的生态脆弱性的表现

从生态学观点看，生态系统一般都潜育着脆弱性和再生性的双重功能。一方面可承受一定的外界压力，并通过自我调节的功能（生态阈限）修复，另一方面生态系统也容易遭受破坏，导致生态环境恶化，具有一定的脆弱性。所以，在既定的技术水平条件下，生态脆弱地区的经济发展面临着严峻的环境承载力限制，人为干扰已被认为是驱动种群、群落和生态系统退化的动力，而人类活动正是西部生态系统恶化的根本驱动力。因此，我国西部地区由于受气候、地质等自然因素的影响，加之人为破坏生态环境严重，生态系统的脆弱性十分突出。主要表现在环境容量较低、稳定弹性较小、扰动影响敏感、恢复能力较弱、边缘效应显著、自然灾害易发等方面。具体表现在以下几方面。

1. 环境容量较低，抗扰弹性较小

环境容量是生态系统在维持其再生能力、适应能力和更新能力的前提下，所能承受人类活动影响的最大负荷量。西部许多生态脆弱区生态资源匮乏、土地产量低、人口承载量小，物质能量交换在低水平条件下进行。当人口密度超过土地资源承载量时，极易引起土地退化和资源量失衡，甚至会导致生态环境恶化。

生态系统的稳定弹性力较小，抵御外界干扰能力就较差，一旦自然或人类活动引起环境条件改变，系统即迅速响应，趋向结构更简单或功能更单一的状态。如山地平原交界区由于地形反差大，山高谷深，山体陡峻，河床纵比大等因素，使得其对降水量变化反映特别明显，在暴雨时易发生水土流失甚至滑坡、泥石流等现象。干旱地区更易遭受旱灾威胁和沙尘暴危害，浅薄贫瘠的土壤，在受到侵蚀时更易于发生土地退化和趋向石漠化。

2. 扰动影响敏感，恢复能力较弱

西部生态脆弱区生态系统的结构稳定性较差，对环境变化和外界扰动的影响反映较为敏感，容易受到外界的干扰发生退化演替。由于其调节生态平衡能力差，内部结构不稳定，对外界干扰表现出较大的敏感性，其生态系统的稳定性易于被破坏。例如水土严重流失的侵蚀劣地，对温度和水分的敏感性增强，对植被重建极为不利。由于生态环境脆弱带内自然环境变化频繁且幅度很大，使该区生态系统适应力相对较弱，一旦被外界破坏生态平衡，其往往失去再生能力，系统退化加剧，自我修复能力减弱，自然恢复时间拉长，使生态环境不断恶化。如干旱、半干旱地区因风蚀形成的沙化土地和荒漠化土地，南方地区因水蚀产生的红色沙漠、白沙岗等侵蚀劣地，生态环境极为恶劣，自然再生能力极差。

3. 边缘效应显著，植被恢复缓慢

在西部生态交错地带边缘效应显著，出现了生物群落过渡带和环境梯度变化现象，区内气候、植被、物种、景观等相互渗透，使环境异质性增大，边缘生物的密度增加。生态脆弱区的植被一旦遭到破坏，恢复起来极为困难和缓慢，例如西南喀斯特地区，受岩溶质地质与土壤因素的影响，植被具有明显的耐旱、富钙等特征，植物群落自然生长缓慢，从草本群落恢复至灌丛群落至少需要二十多年，至乔木群落至少需要五十年左右，至顶级群落则需要八十年以上。因此，该区域的特殊动植物资源，一旦遭到破坏就很难恢复。

4. 地质水文脆弱，自然灾害易发

西部许多地区的地质气候条件特殊，使其具有地质、土壤、水文、地貌等方面的脆弱性。例如西南喀斯特地区的岩溶多重富钙介质环境，在地壳运

动和岩溶的双重作用下，使其岩体、水体、土体、生物群落形成层次结构，形成了特殊的岩溶—土壤—水文—地貌生态系统的脆弱性。由于岩土界面缺少风化母质过渡层，土壤受风雨侵蚀，细粒物质减少，土壤有机质及养分含量减少，保水保肥性能减弱，土壤微生物功能多样性降低。由于西部地区地跨青藏高原和黄土高原、云贵高原、内蒙古高原等两大阶梯，地形以山地丘陵为主，山高谷深、沟壑纵横、地质构造复杂、表层岩体破碎，因而坍塌、滑坡、泥石流等表生性地质灾害广为发育、类型多样，对人类的危害较为严重。

第二节　西部地区发展面临的环境压力

一、西部地区生态系统退化

西部地区是我国长江、黄河等主要大江大河的发源地，也是我国重要的生态环境屏障和水源保护的特殊地带，但是由于大规模的垦殖与开发，使该地区的自然环境不断恶化，水土流失十分严重，干旱和荒漠化问题突出，生态环境越来越恶劣，自然灾害频率不断加剧。西部地区脆弱的生态环境不仅阻碍了经济的进一步发展，而且已经成为未来人类生存环境的重大隐患。从总体上看，西部地区面临生态系统的退化。生态系统退化是指由于人类对自然资源过度或不合理开发利用而造成的生态系统结构破坏、功能衰退、生物多样性减少以及土地生产潜力衰退、土地资源丧失等一系列生态环境恶化的现象。表现为在一定的时空背景下，自然生态环境在受到自然因素或人为因素作用下，导致生态系统要素和生态系统整体发生不利于生物和人类生存的量变或质变，系统的结构或功能发生与原有平衡状态或进化方向相反的位移。西部生态脆弱地区生态系统退化的特点是：一旦生态环境遭到破坏，生态平衡失调，使其恢复是非常艰难的，主要表现在恢复时间过长以及资金投入量大，而且有些破坏是不可挽回的。西部地区生态系统的退化，主要表现在以下几个方面。

（一）水体生态系统退化、水土流失严重

水体生态系统退化、水土流失严重主要表现为水土资源大面积的流失和淡水生态循环系统的退化。我国是世界上水土流失最为严重的国家之一，水土流失面广且量大。西部地区是我国水土流失最为严重的地区，而黄土高原是水土流失的重灾区，也是黄河泥沙的主要来源地。黄土高原上植被稀少，沟壑纵横，流失的土壤进入黄河，使之泥沙量剧增。但历史上的黄河流域并非今天的模样，几千年前，那里森林密布，气候湿润，最初的华夏文明就诞生在这一地区。此后，一方面因为自然气候的变化，降水量逐渐减少，另一方面，也因为过度开发，森林等地表植被迅速消失，水土流失现象日益严重。过度土地开发，导致了严重的水土流失现象。反过来，日益严重的水土流失又导致耕地或牧场减少。长期来看，过度开发不仅不能给人类带来更多的收益，反而会造成更大的生态环境危机。

目前，我国西北内陆等生态脆弱地区普遍存在的过度开荒和过度放牧现象是造成水体生态系统退化、水土流失严重的主要原因。严重的水土流失，是我国生态恶化的集中反映，威胁国家生态安全、饮水安全、防洪安全和粮食安全，制约山地和丘陵区，影响全面建设社会主义现代化进程，是我国的头号环境问题。水土流失在西部地区主要表现为西北地区的风蚀和西南地区的水蚀以及青藏高原的冻融侵蚀。

我国水土流失的地理格局主要有以下几个特点：①主要分布在长江上游的云南、贵州、四川和黄河中游地区的山西、陕西、内蒙古、甘肃、宁夏；②面积分布由东向西递增；③西北地区是我国受风力侵蚀最严重的地区，主要分布在新疆、内蒙古、甘肃、青海等省（区）；④水蚀风蚀交错区主要分布在长城沿线和新疆农牧交错地带。西部地区石灰岩地质结构，也导致水生态循环系统退化，工程性缺水严重。此外，包括水质、淡水藻类、河湖岸带、水生动植物、沉积物等因素构成的水生态系统也出现了严重的退化现象，许多淡水生态系统水质均已退化至地表水Ⅳ～Ⅴ级质量水平，浮游藻类结构简单，多样性指数低，河（湖）岸带宽度狭窄，水生植物均有退化演替趋势。

我国采取一系列防治措施，按照水土流失规律、经济社会发展和生态

安全的需要，在统一规划的基础上，调整土地利用结构，合理配置预防和控制水土流失的工程、植物和耕作措施，形成了完整的水土流失防治体系，实现对流域（或区域）水土资源及其他自然资源的保护、改良并合理利用，近五年来，我国水土流失土地面积净减少10.6万平方千米，在全国水土流失总面积减少的同时，西部一些地区水蚀和风蚀面积却有所扩展。这主要是因为西部地区原生植被稀疏，降雨量偏少，连年干旱，导致一些流域水量减少，加之人工种植的林草生长周期长，成活率不高和原生植被枯死，加剧了风蚀程度。而草地过度开发，造成沙化、退化和盐碱化问题。乱砍滥伐、乱垦滥挖、内陆河流域不合理开发、破坏原生植被以及一些开发建设项目忽视水土保持，造成了新的水土流失和水体生态系统退化。

（二）土壤生态系统退化

土壤生态系统退化主要表现为土壤的内部结构、理化性状，土地环境日趋恶劣，逐步减少或失去该土地原先所具有的综合生产潜力。西部地区水土的大面积流失，在造成表层土壤损失的同时，也造成了土壤贫瘠化。土壤贫瘠化的主要原因是土壤中大量的有机营养物质被雨水带走，造成的物质结构和微生物多样性下降。表现为土壤有机质含量下降，营养元素亏缺，土壤结构被破坏，土壤被侵蚀，土层变薄，土壤板结，土壤发生酸化、碱化、沙化等。土地沙化的形成主要发生在脆弱生态环境下（如戈壁、荒漠等干旱及半干旱地区），由于人为过度开发（如滥垦、滥伐及过度放牧）或自然灾害（如干旱、鼠害及虫害等）造成了原生态植被的破坏、衰退甚至消失，从而引起地表沙质化、沙丘活化，导致生物多样性减少、生物产能下降、土地生产潜力衰退以及土地资源流失。

我国荒漠化土地面积较大，其中尤以沙漠危害最为严重，并且还在继续扩大蔓延。沙漠化造成生态系统失衡，使可耕地面积不断缩小，对中国工农业生产和人民生活带来严重影响，给国家社会经济造成了巨大的损失。日益严重的荒漠化不仅造成生态系统失衡，而且给经济发展带来了严重影响。这一现实将成为制约中西部地区，特别是西北地区经济和社会协调发展的重要因素。荒漠化造成西部地区的耕地和草地退化。铁路、公路、水库、灌渠和村庄以及许多城镇常年受风沙威胁，许多工矿企业被迫停工停产。荒漠化地区每年输入黄河的泥沙达上亿吨，造成河床抬高，严重威胁着中下游地区人民的生命财产安全。

随着我国综合国力逐步增强，经过长期的沙漠治理，已经拥有了一定的荒漠化防治技术，形成了有效的管理机制、教学和科研体系，制定了一系列政策和法规，在防治荒漠化领域达到世界领先水平。近五年来，荒漠化土地面积净减少3.8万平方千米。但是，虽然投入越来越多，治理力度逐年加大，荒漠化扩展的速度却越来越快，有进一步加重的趋势，主要原因在于在治理上：重"防"轻"治"，即治理规模小、速度慢、发展不平衡，投资力度不够等。中国的荒漠化严重地区既是黄河、长江等大江大河的发源地，又是西部欠发达地区。这些地区的荒漠化问题一日不整治，经济发展、社会安定、民族团结等一系列问题都将难以从根本上解决，因此，防治荒漠化对于改善生态环境，改变西部地区的贫穷落后面貌，缩小东西部地区发展差距，促进整个国家经济发展，具有十分重要的意义。

（三）森林、草地生态系统退化

森林植被是保持良好生态环境的根本，森林植被的破坏是加剧水土流失和洪涝灾害、沙尘暴等自然灾害的根本原因。西部地区森林退化主要表现在三个方面：一是森林面积减少；二是森林蓄积量降低；三是森林生态功能下降。

草场退化即草场植被衰退。主要表现为优良牧草种类减少，各类牧草质量变劣，单位面积产草量下降等。草场退化是土地退化的一种类型，是土地荒漠化的主要表现形式之一。草场退化是人为活动和不利自然因素导致的草场恶化，包括土壤物质损失和理化性质变劣，优良牧草的丧失和经济生产力下降。草原生境不良，生态功能下降，沙漠、沙地面积不断扩大，年均大风日数明显增加，每遇大风天气，风给沙势，沙助风威，往往就形成沙尘天气甚至沙尘暴，对草原地域的人、草、畜的生态安全构成严重威胁。

我国西部森林资源相对较少，由于人类活动的干扰（如滥伐、过垦及不合理经营等）或自然因素（如火灾、虫害及大面积的塌方等），使原生森林生态系统遭到严重破坏，导致当地森林生态系统退化的发生。西部除西南（西藏东南部）保存有少数的原始森林外，其他地区森林几乎都可归属于退化森林生态系统的类型。其主要表现为：森林生态系统结构简单，物种多样性匮乏，残次林多；森林整体的破碎化程度高，物种分布不均，抗干扰能力差；以中、幼龄林为主体，森林生态系统年龄结构极不合理。这些生态系统结构问题不仅加剧了森林生态系统的脆弱性，还阻碍了森林生态系统的平衡发展。

草地生态系统是我国西北许多地区，尤其是青藏高原地区当地人民赖以生存的基本资源，因此，草地生态系统对西部地区的经济发展和生态环境保护起着至关重要的作用。我国西部草地生态系统退化主要表现为：优良草地面积不断减小，草地品质偏低；天然草地的面积逐步减少，质量不断下降；草地载畜力下降，普遍超载过牧，草地"三化"（退化、沙化、碱化）不断扩展。由于片面地追求经济效益，各地都大力发展畜牧养殖业，牲畜的饲养量不仅没有减少，反而呈现增加趋势，使实际载畜量远远高于理论载畜量。目前全国草地退化面积在上亿公顷，其中绝大部分发生在西部地区退化最严重的牧区和农牧交错区，平均产草量下降，过度放牧导致草地质量等级下降，优良牧草的种类减少，毒草种类和数量增加，导致草原生态系统的持续退化，形成恶性循环。

近年来，随着退耕还林工程和天然林保护工程的实施，西部生态脆弱区森林覆盖率有明显提高，对区域生态环境的改善也产生了积极的效果。但这些地区多为干旱、高寒山区和干热河谷地区，海拔高、气温低、坡度大、土层薄、水分缺乏，加大了成片造林难度，林木生长周期长，目前的生态效果尚不明显。西部欠发达地区依据自然生态条件可划分为西北和西南两大区域，无论西北地区还是西南地区，森林覆盖率均远低于全国平均水平。在大部分地区无生态屏障可言。过度垦殖和放牧、不合理的水资源利用和乱砍滥伐是造成森林植被破坏的主要原因。

中国的草场退化主要是人为活动造成的，包括过放牧、滥垦和滥采等。目前我国天然草原出现退化现象，过度垦殖和草原长期超载过牧，使牧草覆盖度下降，土壤结构遭到严重破坏。由于自然和人为因素影响，草地生态系统急剧退化，表现为湿地面积狭小，干涸。天然牧草长势弱、产量低，有毒有害杂草数量剧增，灌木面积逐年扩大，鼠害和过牧越来越严重以及草场沙化，水土流失严重、沙化速度加快。目前，国家通过建立森林、草原保护制度、优化森林、草原建设规划、提高森林、草原建设技术等一系列有效对策对森林、草原资源进行了保护。

就地形、地势而言，我国西部地区的气候、地理、地质条件比较特殊：西北地区位于内陆而远离海洋，西南地区山势陡峭，河谷纵横，地质条件不稳定，生态环境十分脆弱，一旦遭到人为破坏，恢复起来十分困难。历史上对西部地区自然资源的过度开发也是造成该地区环境污染的根源。几千年来，以扩大开垦面积为主要增产手段的落后的小农经济，加之于频繁的战乱，对本来比较优越的自然生态环境造成了很大程度的破坏。由于这些地区大部分处于干旱、半干旱之地，环境较脆弱，生态极难恢复。

人口对环境有综合性的影响，每个人除了基本需要外，对环境的影响还取决于他对环境资源的利用水平和满足这种利用水平所采用的技术水平。一般说来，富裕的人口要消费比贫困人口更多的食物、能源、矿物资源等。同样，富人要比穷人产生出更多的废弃物和污染物。因此，对于相同数量的人口来说，发达国家人口对生态环境的影响要大于发展中国家。发展中国家或欠发达地区为求得庞大人口的生存，不得不扩大和加深对自然资源的索取，而难以顾及由此对生态环境产生的不利影响。而且，在今后相当长的时期内，西部人口对西部生态环境的压力仍存在逐渐加重的趋势。增加的人口在生产资料严重匮乏的条件下，为了生存向自然界进行一系列掠夺式的开发和索取，将造成生态环境的严重破坏。人为的毁草、毁林、过度开垦、不合理的耕作方式，使本来就很脆弱的生态平衡遭到破坏，使大批土地荒漠化，草场退化，水土流失严重，导致农作物产量极低。产量的低下，又无法满足人们的生活需要，于是愈加广泛开荒，愈严重破坏生态平衡，这样就形成人口增加—过度开垦—生产力低下—可利用资源丧失的恶性循环。

二、工农业生产造成的生态环境破坏

生态环境压力是危及生态环境系统稳定性的外界干扰（如人口增长、资源短缺或环境污染等）及其所产生的生态环境效应。人类生产活动是西部生态系统所面临和承受的重要干扰因素，随着西部大开发的深入推进，人类经济活动对生态环境影响逐步增强。特别是随着工业矿产开发、农林牧业生产等各类生产经营活动的增加，西部地区面临的生态环境压力包含以下几部分。

（一）工业及矿产开发的生态环境压力

工业化是现代社会的必经之路，无论是发达国家还是发展中国家的快速发展，工业都是最直接最重要的推动力。西部绝大多数地区仍然处于欠发达的状态，发展工业经济是其快速发展最直接的途径之一。然而，从世界工业经济的发展历程来看，在工业化发展初期，粗放的工业经济模式往往会对生态环境造成极大的压力。目前我国的西部地区仍处于工业化的初级阶段，工业生产方式和工业组织模式较为粗放和落后，工业发展中必然存在着各种环境污染问题。特别是我国许多重要的能源矿产资源都分布于西部（如贵州、陕西、内蒙古、新疆等地的煤炭资源储存量就超过全国储存量的80%，铁、铜、铅、金、磷等矿产资源也大多分布于西部脆弱生态区），西部地区通常都是以本地的资源位势作为其工业发展的基础，这对当地的生态环境造成了巨大压力，并呈现出加剧的趋势。

（1）工业废气带来的生态环境压力。随着西部地区工业化进程的加快和工业企业的增加，大量能源燃料燃烧和生产工艺过程中产生的各种含有污染物（如二氧化碳、硫化物、氟化物、氯化物、硫酸雾、铅汞烟尘及生产性粉尘等）排入大气造成的空气污染，给生态环境带来了巨大压力。

（2）工业废水带来的生态环境压力。随着西部地区工业的迅速发展，工业生产过程中产生的废水、污水和废液的种类和数量迅猛增加，各种生产用料、中间产物和产品及各种污染物质随水流入河道，造成各种水体污染，给生态环境带来了巨大压力。特别是在干旱半干旱地区，水资源是各业发展及生活需求的瓶颈，工业废水对水资源的污染显得更为突出。

（3）工业废渣带来的生态环境压力。西部地区的矿产资源开发和工业生产加工过程中所产生的各类固体废弃物（例如煤矸石、粉煤灰、钢渣、高炉渣、赤泥、塑料和石油废渣等）大量堆积在环境中，给生态环境带来了巨大压力。工业废渣和垃圾在露天大量堆积，在氧化和腐败过程中会产生大量的酸性和碱性有机污染物，并会将矿石、废渣等固体废物中含有酸性、碱性、毒性、放射性或重金属成分溶解出来，形成有机物质、重金属和病原微生物三位一体的污染源，经雨水淋溶、地表水体径流、大气飘尘，污染周围的土地、水域和大气，甚至通过渗滤造成地表水和地下水的严重污染。西部地区工业废渣污染有不断加剧的趋势。

（4）矿产采掘带来的生态环境压力。随着近些年来西部地区能源和矿产资源开采力度的加大，造成了许多采空区，经常出现采空区的地质塌陷、地表建筑坍塌、塌陷区地表裂陷、地下水位下降等情况。由于矿产一般埋藏在地表深处，开采可能造成土壤和植被的毁灭性破坏，且在开采过程中会破坏地壳内部原有的力学平衡状态而引起地表塌陷，使环境受损。大规模开采易造成生态景观破碎化、生态环境荒漠化，使得人类的生存空间遭受破坏，农业生产结构在渐变中失调，良田被迫荒废，并有可能加速土地的荒漠化、水源污染等等。矿山开采过程中的废弃物（如尾矿、砰石等）需要大面积的堆置场地，从而导致对土地的过量占用和对堆置场原有生态系统的破坏。上述影响往往需要花费大量人力、物力、财力经过很长时间才能恢复，而且很难恢复到原有的水平。

（二）农林牧业开发的生态环境压力

对自然生态系统的人为干扰和负面影响中，除了工业生产和矿业开发带来的污染与破坏外，农林牧业生产的不合理开发利用也是造成自然生态系统恶化的重要因素之一。农林牧业的过度开发和不良运作，往往会直接导致土壤系统、水体系统、植被系统的污染和破坏，从而导致整个生态系统恶化。由于西部地区多是我国大江大河的发源地，又是我国大气环流的上风向，特殊的地理位置，使得其生态的恶化，会对下游地区的生态环境造成负面影响，甚至严重威胁中东部和全国的生态安全。严重的水土流失，会使下游河道湖泊淤积，悬河悬湖增多，洪水调蓄能力下降，洪涝灾害加剧；黄河上游生态平衡失调，会使江河断流，直接影响下游工农业生产和人民生活。

（1）农业生态环境压力。由于西部地区脆弱生态区多分布于贫困的农村地区，因此在其经济活动中农业活动占有很大比重。农业活动对生态系统的影响主要表现在土地开发利用上。对土地的不合理开发利用，会打破生物与环境相互作用所建立起来的自然生态平衡，带来一些意想不到的后果。西部地区的农业超量使用化肥和农药导致诸多水域富营养化；农产品中农药、硝酸盐和重金属等有害物质残留量超标，威胁了人们的身体健康；地膜应用造成一定的"白色污染"。西部的农作物秸秆和畜禽粪便等农业生产残留物综合利用水平不高，秸秆焚烧和粪便随意排放现象比较普遍，不仅浪费了大量宝贵的生物资源，而且造成了严重的空气、土壤和地下水等污染。总之，西部地区不合理的农业活动加剧了土壤的侵蚀和环境的污染，给生态环境造成了巨大压力。

（2）林业生态环境压力。西部地区的天然林比例、森林质量和生态功能因长期掠夺式采伐均呈下降趋势。例如：由于长期毁林开荒，享有"植物王国"之称的云南西双版纳原始森林面积急剧下降，森林生态系统正面临着进一步恶化的趋势，整个地区原始森林已所剩无几。由于森林生态系统的破坏，导致严重水土流失和生态环境恶化，生物多样性受到破坏，生物种群不断减少，甚至濒临灭绝。

（3）牧业生态环境压力。畜牧业是西部地区历史悠久的基础产业，我国的五大牧区（蒙、新、藏、青、甘）都分布在西部地区。牲畜以生物生产者（绿色植物）为食，是生态系统中的消费者，牲畜数量与结构变动直接关系着生态平衡。近年来，西部荒漠化、水土流失以及春季肆虐北方的沙尘暴等生态灾害，都与西部畜牧业的粗放经营直接相关。长期以来，人们认为草原是取之不尽、用之不竭的自然资源，只看重它的经济功能而忽视它的生态功能，掠夺性经营和超载放牧日趋严重。多数牧民仍习惯于旧式粗放的游牧方式，划区轮牧等先进生产技术推广缓慢，对草原牧草的无限索取，使西部草原面临着牧草资源匮乏，生物多样性减少，草地生产能力下降，草地退化等严重生态问题。

西部地区不合理的农林牧业开发，导致过垦、过牧的现状极为常见，它是草场退化、水土流失和风蚀沙化的主要原因。农林牧业的掠夺式开发和乱砍滥伐使地表裸露，表土疏松，加重了土壤的侵蚀作用。由于土壤结构遭污染、森林植被遭破坏、草原植被遭侵蚀，引起了严重的水土流失。西部地区的农林牧业使生态系统承受了极大的压力。

第三节 西部地区产业发展存在的问题

一、西部地区的经济发展历程

西部经济的发展和西部地区生态环境状况的演变是同步进行、相互交织的。在引发西部生态环境变化的诸多因素中，人为的经济活动是最主要的因素之一。在西部地区经济开发的过程中，人类对大自然的过度开发、产业结构安排的不合理以及经济政策的误导或盲目实施等行为都可能成为西部生态环境问题产生的根源。不断恶化的西部生态环境又反过来成为制约其经济发展的主要因素。

（一）新中国成立前西部的经济发展历程

在中华民族起源与发展的历史长河中，中国西部地区的经济发展曾有过辉煌的一页，创造过光辉灿烂的文明。在数千年前，西部地区曾是个林草丰美、绿荫遍地、畜牧繁茂、农业发达、人丁兴旺、富裕殷实的秀美之地。黄河流域成为了中华民族的发祥地，从炎黄二帝到周秦汉唐，中华民族以黄河中上游地区为中心不断繁衍生息，开辟了东西通达、南北连贯、水陆共进的对外经济发展模式，中国西北地区历史上一直是全球最发达的地区之一。春秋战国时期，西部的秦国最终统一中国，关中地区（今陕西一带）成为当时的政治经济文化中心，集聚财富"什居其六"；隋唐鼎盛时期，西部地区的社会经济更是达到了一个前所未有的新高度，形成了以黄河中游、关中平原及成都平原为中心的农业、畜牧业、手工业和商业的高度繁荣，人口也较东部繁盛。

从宋代开始，中国的经济中心逐渐开始东移，西部经济发展逐渐落后于东部：一方面是由于丝绸之路兴盛所依托的气候条件蜕变，加上过度垦殖等人为因素，使黄土高原等地的植被破坏、水土流失、水患频发，干旱与沙化状况日趋严重，西部经济发展受限；另一方面，随着经济的发展和指南针在航海业的广泛应用，沿海地区在交通、资源方面的优势开始凸显，中国开辟了通往外部世界的新通道，加之元朝时期的兵燹导致丝路贸易中断，西部地区的经济地位逐渐下降。到了明、清时期，东部沿海地区已形成了以农业和手工业为主要产业的经济社会发达地区。鸦片战争以后，伴随着西方列强入侵，西方近代的资本、技术、文化也开始传入我国，并由东部沿海向西部地区缓慢渗透。

虽然到了民国时期我国西部地区的工业经济有所发展，但东西部地区的经济发展差距却越拉越大。中国的近代工业主要集中在沿海和长江流域的各省份，西部绝大多数地区仍是以农业或畜牧业为主的自给自足的自然经济模式为主，原始落后的农牧业以及传统的手工劳动在很长的一段时间里在西部处于支配地位，西部地区的工业经济基础十分薄弱。

抗日战争全面爆发后，随着东南沿海、沿江一带的沦陷，迫使东部的一部分企业和学校内移西迁，在一定程度上促进了西部经济文化的发展。西迁的厂矿主要集中在四川、贵州、广西及湘西等西南地区。随着工业重心的迁移，各类人才、资金、设备、技术和市场也从沿海和长江流域部分地向西转移，形成了以昆明、贵阳、重庆、成都等为中心的各路交通网线，奠定了西部地区工业发展的基础。为了应付战争初期军需民用的巨大需求，中华民国政府在西部执行一条以重工业建设为主导，大中小企业一起上的开发后方工业经济的政策原则，建立了包括冶金、机械、化工、电器仪表、纺织、食品等上百种行业的工业企业，形成了一个基本能够自给的、比较稳定的体系和工业基础结构，特别是重工业有了迅猛的发展，逐渐形成了以重庆为中心的重工业基地。抗战时期，西部地区工业有了快速发展，但从1942年开始，受多种因素的影响，快速发展的西部工业经济开始出现停滞、减产或倒闭的趋势，生产逐渐萎缩，抗战结束后，政治经济文化重心又重新东移。

（二）1949—1978年西部的经济发展情况

在新中国成立以前，西部地区虽然有了一定的工业基础，但基础十分薄弱，生产力十分低下，发展十分缓慢。新中国建立初期，我国对农业、手工业和资本主义工商业生产资料私有制的社会主义改造，在理论上和实践上丰富和发展了马克思列宁主义的科学社会主义理论，极大地促进了工、农、商业的社会变革和整个国民经济的发展。西部地区也真正得到发展。国家进行大规模工业建设的前提已经基本具备，但源于旧中国长年处于半封建半殖民地历史环境下遗留下来的沿海和内地经济发展极不平衡的格局依然存在。1952年，国土面积为12%的沿海占全国工业总产值比重仍然高达69.4%，而国土面积达80%的中西部的工业占比却只有30.6%，且主要集中在长江沿岸的重庆、武汉等地，其他地方尤其西部大部地区，还没有近现代工业和工业城市。针对这一全国区域经济格局严重失衡的问题，中央政府在统一了中国的土地制度、农村经济组织和城市产权制度，建立了计划经济体制后，开始着手解决东西部经济发展不均衡的问题。

国家确立了平衡工业布局和以备战为目的的区域发展目标，采取了高度集中的计划经济模式，开始实施重工业优先的发展战略，坚持"加快中西部地区经济发展，统一规划，合理布局，统筹兼顾，发挥优势，均衡发展"，在资金、技术、人才和建设项目方面向中西部地区倾斜，并掀起了建设西部的热潮。1953年开始的"一五"时期，国家在西安、成都、兰州、新疆等地和附近区域新建了航空兵器、电力电子、机械制造、有色金属、纺织印染、石油化工等企业和基地。为配合这些大项目和基地的建设，西北西南投巨资修建了成渝、保成、兰新等铁路，以及青藏和川藏公路，初步形成了西部交通运输路网。这一切为西部经济的发展奠定了基础，使西部地区的社会经济状况发生了历史性的质变。

20世纪60年代开始，我国的国际政治环境发生了很大变化，国防安全成为国家面临的首要任务，国家根据一、二、三线的战略布局，重点强化了三线建设。国家总投资的42.4%用于三线，其中70%以上投到了国防、原材料、燃料动力、机械制造和铁路运输等行业，全国1400多个大中型项目，三线地区就占55.8%。同时还将沿海地区的一批企业的近400个项目、14.5万职工、近4万台设备搬迁到三线地区。三线建设是中国建设史上一次具有战略意义的"大会战"，从1964年到1978年历时14年，涉及到10个西部及内陆省区，先后建成了成昆、贵昆、襄渝、阳安、焦枝、湘渝、川黔等七条铁路新干线，使西部地区的工业经济比例得到大幅度提升。尤其是20世纪70年代，从西方引进了一批以石油化工、冶金为主的重大项目47个，有23个建在西部，对提高西部工业结构层次和工业技术档次影响深远。

经过三线建设，我国在一定程度上缩小了东西部之间的差距，西部地区交通状况大为改善，技术和生产力水平明显提高，逐步形成了以国防和机械工业为重心，以煤炭、电力、钢铁、有色金属工业为基础的庞大"三线"工业。但是，由于三线建设主要是从政治、军事需要考虑，过分强调军工业和重工业发展，没有考虑到与地方产业链的协调分工，人为地割断了工厂企业间有机联系，加上正值"十年动乱"，不少项目不能配套，致使其生产能力难以发挥，经济效益十分低下。此外，国家大中型企业"嵌入"式的封闭体制，形成了西部经济的二元结构并存，传统生产与先进技术不兼容现象。因此并没有从根本上改变西部经济落后的格局。但不可否认的是，三线建设中大项目的实施确实提高了西部工业能力，加速了城市化进程，把西部产业经济推上了一个新的平台。

（三）改革开放后西部地区经济发展状况

1978年，在党的十一届三中全会以后，中国进入了改革开放的全新发展阶段。国家的区域经济政策由过去均衡发展战略，逐步转移到以经济效益和效率为重心的非均衡发展上来。经济开发的地区重点由内地向沿海转移，资源的空间配置由过去单一的国家预算转向了投资主体的多元化。根据产业发展的梯度转移理论，为更快地引入外资和更好地承接国外产业技术转移，国家采取了优先发展沿海地区的非均衡发展战略，先后在沿海地区建立了多个经济特区，在财政、税收、信贷等方面给予优惠政策，通过在投资、财税、价格、外资和外汇等方面的政策性倾斜，鼓励一部分地区"先富起来"，并按照东、中、西三大梯度的顺序由沿海逐步向内地扩散。国家经济社会发展战略的这一划时代变化，拉开了东西部发展差距进一步扩大的序幕。

在"六五"（1981—1985年）建设期间，国家提出了"利用沿海地区现有基础，充分发挥其特长，带动内地经济发展"的发展战略，以及沿海、内陆、少数民族和不发达三类地区各自的发展方针。国家进一步确定了珠江三角洲、长江三角州等多个沿海经济特区，进一步开放了大连、秦皇岛、天津、烟台、青岛、连云港、南通、上海、宁波、福州、广州等14个沿海城市。这些经济特区和开放城市组成了中国沿海开放地带和工业城市群，在工业、农业、交通等方面呈现出领先优势，同时国家在资金方面也大幅度向东南沿海地区倾斜，沿海11个省区市的工业基本建设投资占全国的比重由

"五五"期间的44.0%提高到46.0%。而对西部投资比重则大幅度下降。

在"七五"（1986—1990年）建设期间，国家按照地理区位和经济技术水平，将全国划分为东部、中部、西部三大经济地带，提出了三大经济地带的不同发展政策，即加速东部沿海地带的发展，同时把能源、原材料建设的重点放在中部，并积极做好进一步开发西部地带的准备。根据这一方针，国家充分利用沿海地区经济技术优势建设重大项目，使东南沿海地区迅速崛起，国家综合国力得到了显著增强；在西部地区则是对部分三线建设项目和工业基地进行调整、改造和提高，停建、缓建一批基建工程项目，加强配套服务设施，让一些军工企业转向民用品生产，对难以维持生产或重复建设的工厂和科研生产基地，实行关、停、并、转、迁。西部各省区通过大力发展农业和消费品工业，缓解城乡市场供应不足问题。在这一时期，东西部地区的发展差距在不断拉大。

在"八五"（1991—1995年）建设时期，国家针对区域经济发展中存在的问题，进行了一系列的政策调整，对西部地区实行一些倾斜政策。一是强化了这些老区的扶持政策，安排了一批促进产业结构升级和关联带动的产业项目；二是加大了对西部地区资源开发项目的投入，包括西部水利综合开发以及加快发展西部石油和煤炭产业等；三是扩大沿周边地区的对外开放，鼓励发展边境贸易，使西部的边贸旅游和对外经济得到了快速发展；四是加快东西走向交通和通讯干线的建设，兴建了南昆、南疆、西康、宝中、兰新线等铁路和众多公路，使西部交通营运能力和通讯能力明显得到改善。

在"九五"（1996—2000年）建设期间，国家在坚持"效率优先"的同时，注重"兼顾公平"，区域发展战略的指导思想调整为：按照统筹兼顾、合理分工、优势互补、协调发展、利益兼顾、共同富裕的原则，逐步实现生产力的合理布局。在此期间，西部地区的社会经济发展虽然取得了较大进步，存在的问题也相当严重。随着中国经济的逐步市场化，资源产品的计划价与市场价之间的差距日趋扩大，使作为"资源输出型"经济的西部地区蒙受不利影响。西部地区大办"五小企业"的发展模式造成了环境污染、生态破坏，生存状态恶化。随着产品市场由卖方市场转向买方市场，西部地区普遍存在的技术落后、创新速度缓慢、设备老化、资金和人才流失等问题，使

得东西部存在的差距被越拉越大。到1999年底西部地区的GDP总量仅为东部
地区的三分之一。

　　日益拉大的东西部差距，已经严重地影响到了我国经济社会持续稳定
发展和全体人民共同富裕目标的实现。2000年以来，国家西部大开发战略的
提出和实施，为加速西部经济社会的发展、缩小东西部间的差距、实现西部
经济社会发展的历史性跨越，创造了新的历史机遇。西部大开发战略实施以
来，西部地区在经济水平、产业发展、基础设施和生态环境建设等方面都取
得了显著成效。

二、西部地区的产业发展及产业结构特征

　　西部生态脆弱地区的产业发展存在不少桎梏性因素，其中，脆弱的生态
环境尤为关键。选择一个适合西部地区产业发展的组织模式，有利于解决经
济效益与生态效益双低的问题。只有深入分析和了解西部地区目前的产业结
构及其生产组织模式当中存在的问题，才能做到有的放矢。西部的工业化进
程可以分为三个阶段，经历了半个多世纪。在这过程中西部工业得到较大程
度的发展，实现了经济全面迅速增长。但是其工业化进程仍处于初级阶段，
产业结构的矛盾仍然很突出，有待进一步优化。

（一）西部地区的产业发展与工业化进程

　　在产业发展进程中，工业化是一个国家或地区现代化的必由之路。工业
化是指工业（特别是其中的制造业）或第二产业产值在国民生产总值中比重
不断上升的过程，以及工业就业人数在总就业人数中比重不断上升的过程。
工业化过程一般都伴随着工业在各产业中所占比例的不断提升、产业布局的
不断完善、产业结构的不断优化。西部产业结构的演变与发展、升级与优
化，反映了其工业化水平不断提高。经过不懈努力，西部地区各省区的工业
化进程取得了巨大成绩，建立起了规模较大、相对完整的工业体系，工业增
加值已经占到GDP的30%以上。目前，我国西部工业化阶段处于霍利斯·钱
纳里（Hollis B. Chenery）所划分的经济增长阶段的第二时期末，即工业化
初期向中期转型的阶段。西部工业化进程始于1953年开始执行的"一五"计
划，其工业化总体进程历时半个世纪。具体说来，可分为四个发展阶段。

（1）奠定基础的起步发展阶段（1953—1978年）。该阶段主要是照搬前苏联的工业化发展模式，采取"重工业优先"的战略。经过"一五"和"三线"建设，西部整体交通状况大为改观，建立起了能源、化工、原材料及国防为主的门类较全的重化工业体系，奠定了西部地区工业化的基础。由于这个时期的工业体系大多是从国防安全考虑，导致了以工业为主体的现代经济和以农业为主体的传统经济的隔离，形成二元经济结构，没有对地区的经济起到明显的催化和拉动作用。1978年，西部地区三大产业中第二产业产值在GDP中的比重为42.71%，比1952年的15.62%有了很大提高。但由于当时第一产业与第二产业的比重相当，且第三产业比重太低，因此，西部在20世纪70年代末仍然处于工业化初期阶段。1978年西部第二产业在GDP中的比重与全国48.16%的差距为5.35个百分点。

（2）步履艰难的缓慢发展阶段（1978—1999年）。该阶段正处于国家由计划经济体制向市场经济体制转化的阶段。改革开放之后，东部地区迅速崛起，竞争力急速增强。由于西部地区未能适时地进行工业结构转换和产业水平提升，竞争力明显减弱，工业化发展步履艰难且进程较为缓慢。以资源开发为主的产业发展体系没有根本改变，产品结构单一且处于低端层面，二元经济结构依然明显；企业规模偏小，技术设备落后，技术创新困难，大量的"五小企业"带来了环境污染和生态破坏。此外，西部地区的工业化和城市化不同步，产业结构与工业组织的断裂也成为制约工业化进程的原因。虽然在1990—1993年之间，西部的轻纺业和电子制造业有了较快发展，西部工业产值占GDP的比重由34.67%迅速提高到了40.28%，但之后几年这一比重几乎保持不变。

（3）西部开发的快速发展阶段（1999—2010年）。该阶段是国家实施西部大开发战略时期，西部地区真正迎来了工业化的快速发展阶段。西部在继续推进基础设施建设的同时，强化了技术改造和产品结构调整。西部各地在资源禀赋的基础上发展起了主导产业和支柱产业，如农业产业化、精细化工、生物医药、航天航空、电子制造等，工业产业结构不断得到调整。企业组织结构不断优化，大企业集团发展壮大，小企业的经济活力和地位也不断增强。工业经济发展的科技含量大幅上升。然而，这时的西部重点工程建设仍没有走出西部开发资源、东部加工制造的分工格局，西部的结构调整、工业化进程、产业竞争力与东部相比仍有巨大差距。

（4）新一轮的西部大开发阶段（2010年至今）。2010年是西部大开发战略实施十周年，2010年7月在北京召开的中央西部大开发工作会议，标志着新一轮西部大开发战略的启动实施。从2011年到2030年是西部大开发加速发展阶段，从2031年到2050年是全面推进现代化阶段。国家提出，西部开发要以基础设施建设为基础，以生态环境保护为根本，以经济结构调整、开发特色产业为关键，以依靠科技进步、培养人才为保障，以改革开放为动力，以繁荣经济、使全体人民共同富裕为出发点。

2019年8月15日，国家发展改革委印发《西部陆海新通道总体规划》，明确到2025年将基本建成西部陆海新通道。2020年5月，中共中央、国务院印发《关于新时代推进西部大开发形成新格局的指导意见》提出，推进西部大开发形成大保护、大开放、高质量发展的新格局，国家继续深入实施西部大开发战略的总体目标："西部地区综合经济实力上一个大台阶，基础设施更加完善，现代产业体系基本形成，建成国家重要的能源基地、资源深加工基地、装备制造业基地和战略性新兴产业基地；人民生活水平和质量上一个大台阶，基本公共服务能力与东部地区差距明显缩小；生态环境保护上一个大台阶，生态环境恶化趋势得到遏制"。与前一个十年相比，新一轮西部大开发，从某种意义上可以说是西部"大开放"。西部与欧亚13个国家或地区接壤，历史上是中国最早与欧亚通商的地区。新一轮西部大开发的推进和"新丝绸之路"（新欧亚大陆桥）的贯通，将给西部工业化进程带来前所未有的发展机遇。

（二）西部地区产业结构变化的主要特征

产业结构演变和升级是工业化水平提高的标志，区域产业结构主要反映的是区域内各个产业部门之间的比例关系，通常是用三大产业比重来表示。根据圭兹涅茨的研究统计分析，随着区域经济的发展，第一产业产值比重将会下降，第二、三产业比重将呈上升趋势。自实施西部大开发战略以来，西部地区产业结构发生了很大变化，产业结构得到了优化，但仍然处于初步工业化发展阶段，即重化工业阶段初期。西部地区的工业化发展水平与东部地区以及其他发达地区相比，还存在着相当大的差距。产业发展过程中大量存在重引进、轻消化的现象。企业发展水平低、技术创新能力弱、市场营销能力差等，成为制约西部地区产业结构提升的重要因素。自西部大开发以来，西部地区产业结构的变化主要呈现出以下特征。

（1）产业结构高级化进程加快。产业结构高级化是指产业结构由低级不断向高级演化的趋势，主要表现为产业结构调整速度、优化速度和变化速度明显加快。

（2）三级产业内部发展不平衡。主要表现为：第一产业比重仍然较高，第二产业发展滞后，第三产业发展相对超前，产业内部结构不合理。第一产业的比重有所下降，但仍偏高且结构不合理，农业人均劳动生产率较低。第二产业比重与东部差距扩大，工业增长率和贡献率与东部地区的差距呈现出进一步拉大的态势。工业内部发展不平衡，能源、原材料等重工业超"重"，消费品生产、加工等轻工业偏"轻"。重工业总产值和从业人员所占比重都远远超过轻工业。轻重工业未能形成良好配套。第三产业比重上升较快但内部结构不合理，呈现出以传统服务业为主的低级化状态，餐饮、运输、邮电等基础设施部门的比重过高，而金融、保险、房地产等新兴产业比重过低。其中交通、通信等发展严重滞后于区域经济发展的需要，一些"瓶颈"产业长期阻碍着西部的发展。

（3）二元结构的矛盾仍然突出。西部地区的二元经济结构主要表现在城市和农村两个层面。在城市层面，中央投资发展的现代工业与地方投资兴办的地方工业并存，但两者却互相封闭，中企的下游产业链设在区外的东部加工区独立于地方经济体系的运行，缺乏与地方的分工协作。在农村层面，农村工业和传统农业各自为政，农村工业以乡镇企业为主体，与城市工业部门关联度不高；这种二元经济模式是由多种复杂的历史原因造成和非经济因素推动，具有自我封闭、自我循环、自成体系、工业布局分散、远辐射力强、近辐射力弱，对推动区域内经济发展的作用力小的特征。虽然在西部大开发以后这种二元状态有所改变，但矛盾仍然突出。由于二元经济结构的存在，生产要素合理流动的效率较低，造成了工业化、市场化、城市化和社会化程度低，阻碍了西部的现代化进程。

（4）三低一高的工业产业居多。西部虽然已形成了与资源优势结合程度高的产业体系，但由于产业链条缺损，优势产业技术老化，产业内部"三低一高"产业居多。所谓三低一高，指的是低技术水平、低专业化程度、低劳动生产率及高比较成本。低技术水平的行业主要集中在能源加工业，西部地区黑色金属冶炼及压延加工在制造业中所占的比重最大，而东部地区通信设备、计算机及其他电子设备所占的比重最大。西部地区的专业化行业少于东部地区。此外，西部地区各行业的比较成本高，具有比较成本优势的行业较少。

（三）西部地区产业组织结构特征

产业组织结构是指产业系统中，处于某一产业链（包括产业价值链和产业生态链）的相同或不同节点上各企业竞争或合作的关系结构。产业组织模式就是产业系统中各种企业之间的竞争或合作的关系结构的具体表现形态。在市场经济条件下，高效有序的产业组织模式，能够迅速应对市场变化和拓展市场空间，促进社会资源的有效配置和充分利用，激励合作竞争和持续创新，以规模经济、范围经济和持续创新来形成产业竞争优势。改革开放以来，产业组织变革的最大推动力是我国经济从计划体制转向市场体制的改革。由于我国西部地区市场化改革相对滞后，在产业构成中公有制企业或公有资产为主的企业仍然占据了过大的份额，政府直接干预产业市场的情况仍然较为普遍。目前，西部生态脆弱地区的产业组织结构呈现出以下主要特征。

（1）产业集中度低，工业企业规模偏小。集中度是衡量产业组织竞争性与垄断性的重要指标，用行业前几位规模最大企业的市场份额来表示。工业企业规模结构是指不同规模企业的构成和数量比例关系，在很大程度上反映着规模经济利用和技术进步状况。由于历史和自然等方面的原因，西部生态脆弱地区的产业集中度较低，企业规模普遍偏小。

（2）政府行政垄断与市场过度竞争并存。西部地区的行政垄断主要是在长期的计划经济体制下通过行政性限制准入和计划配置资源而形成的。行政性垄断具有内生的反竞争性和天然的反规模经济特性。行政权力的滥用造成了行政干预，抑制了市场优胜劣汰的竞争机制，从而不利于企业的正常发展。西部地区行政垄断与过度竞争并存主要表现在：一方面，在以地方保护主义为本的地区利益的驱使下，不断扶植规模较小的新企业，限制生产要素的自由流动，投资限额审批制度，抑制了规模经济的形成。另一方面，随着中央的放权以及财税体制改革，地方经济实力与地方利益高度关联，地方投资越大，职工的收入越高，在利益的驱动下，地方行政部门便大力新建地方加工企业，导致西部许多行业出现了过度竞争和生产能力的闲置，许多企业甚至出现持续的亏损。

（3）产业构成趋同，处于价值链的底端。随着西部大开发战略的实施，西部地区工业企业数量大增。但同时在地方利益驱动下重复建设、盲目建设项目有增无减，西部地区工业结构相类似，产业构成趋同。特别是西北省区工业内部结构基本相同，都是以原材料开采和加工业为主的产业结构，且都以初级加工为主，产品重叠度较高，企业间竞争激烈。西部生态脆弱区大部分产业属于能源型、资源型产业，企业大多处于产业价值链的底端，产业链条短且单一，加工生产的产品附加值较低，企业重复进行低水平生产，生产效率低下，产业经济效益欠佳。近年来西部地区的产业构成状况虽有所改善，但特色经济、比较优务和协作效益不明显，生产要素在区域间合理流动和配置的体制和机制没有形成，目前西部一些单一资源型工业城市由于资源枯竭出现了经济结构性衰退现象。

（4）组织结构欠佳，专业协作水平较低。在全球工业化及现代化进程中，工业组织发展呈现出两个趋势：一是生产要素越来越集中于专业化大型企业；二是生产要素向大型企业协作配套的小企业扩散，即企业组织呈现出越来越大与越来越小的两极化趋势。而西部地区的现实则是，大的不大，小的不小，大而全，小而全的情况十分突出。由于大中小企业之间产业配套不够，小企业享受不到社会化大生产和分工协作的利益，大企业则不能形成规模经济，从而降低了劳动生产率和经济效益。西部地区大中小企业之间严重缺乏专业化分工与协作关系，使得西部地区大中型企业内工艺加工过程齐全，零部件外购率低，形成"大而全"；小企业生产技术水平低、设备陈旧落后、技术力量薄弱、管理混乱、三产效率低、产品质量差、价格高、资源浪费严重。

（四）西部地区产业组织结构存在问题的原因

产业组织模式作为区域产业体系的具体构成方式和运行模式的总和，它包括产业内企业间的关系构成方式和各企业或企业内生产要素的组合方式，是产业系统中各种企业之间的竞争或合作的关系结构的具体表现形态。不同的产业组织模式会形成不同的功能和效率，其优劣程度可用主业的资源配置、规模效率、竞争适度、交易费用、可持续发展等水平来衡量，最终表现为产业经济效率和环境生态效益。自西部大开发战略实施以来，西部地区产业组织结构虽然得到一定的改善，但是与东部地区相比仍然存在着很多问题，如西部工业产业集中度低、企业规模结构小型化、专业协作水平较低、行业平均利润率不高、技术创新能力弱、产业效益不够好、能源资源消耗大、生态环境恶化快等。造成这些问题的主要原因包括以下几个方面。

（1）市场化进程相对滞后，国有企业的比重偏高。市场化程度与产品要素市场、中介组织的发达程度，以及政府规模和办事效率密切相关，市场化程度的高低，反映了产业组织的市场基础是否规范，也直接关系到产业经济的市场竞争效率。西部地区的市场化进程较为滞后，西部的市场化程度较低和国有经济比重过高、层级管理体制僵化、管理运行成本高昂、市场反应速度迟缓，以及过分的政府主导等，导致整个产业的市场绩效低下。并且，西部地区集体工业落后，乡镇工业不发达，以及合资和外资等工业少，外向型经济薄弱，进而导致西部地区产业的活力不足，增长乏力。

（2）企业规模结构不合理，小而全企业较为普遍。企业规模结构对市场结构形态和市场运作效率具有重要影响。黑色金属冶炼等几个属于低集中寡占型行业以外，其他行业均属原子型行业，由于这些行业里中小企业居多，从而市场集中度低，企业间竞争激烈。此外，计划经济时期遗留下来的大而全和小而全组织形式，也是制约西部企业提高技术创新能力、增强核心能力、深化产业分工的重要因素。全能式的企业不具备分工优势，导致资源配置效率低下，产业内部企业间缺乏分工协作的相互作用，在各个环节上都很难具备竞争优势，在一定程度上制约了西部产业组织结构的演进。

（3）产业组织形态较落后，现代产业集群不发达。产业组织形态反映了产业系统中企业之间的竞合关系及性质，以及企业之间的合作基础或方式。现代产业组织形态是一个从"纯市场形态"到"一体化形态"的形态谱系，依次分布着"纯市场形态""企业群落""网络组织""产业集群""战略联盟""企业集团"和"一体化形态"等七种典型的组织形态。一系列研究表明，其中的"产业集群"是一种最具产业效率的产业组织形态。在当今的世界经济版图上，凡是具有强劲发展势头与竞争活力的地区，都具有产业集群的身影。产业集群已经成为我们国家区域经济发展的重要组织形式和中小企业发展的重要载体。改革开放和西部大开发以后，虽然西部地区也涌现出了一些产业集群，但无论从数量上、规模上，还是质量上仍存在很大的改善空间。

（4）产业生产组织不科学，产业生态循环未形成。生产组织是指为了实现某个生产目标，对生产要素和生产过程的不同阶段、环节、工序进行合理安排，在空间上、时间上结成一个协调系统的过程及实体。在产业系统内产业链上的专业化分工企业之间存在着生产、经营、合作等各种各样的联系，当这种联系具体表现为一定的操作规程、物流路线、生产流程、工艺要求等内容的生产过程时，则构成了产业生产组织结构。西部地区绝大多数产业生产组织的科学性较差，对生产过程中的结构设计、要素配置、生产流程、组织管理等环节，以及产业间的企业关联、聚集、整合、协同等方面，主要着眼于产业的价值增值，行对产业的生态增值重视不够，没有形成有效的产业生态循环链条，产生的大量废弃物在浪费资源的同时，也对生态环境造成了严重的污染和破坏。

三、西部地区产业发展面临的问题

西部生态脆弱区的产业规模较小、集中度不够、产业效率低下，归根结底是产业组织结构不合理。加上生态脆弱区以资源型产业为主导，在传统粗放生产模式下造成环境污染和生态退化愈演愈烈。因此，西部生态脆弱区产业的规模化和高度化升级主要面临着规模效率、资源约束、生态环境等方面的问题。

（一）产业组织结构的规模和效率问题

在区域产业系统中，企业的规模化对区域产业集中度的提高和区域产业组织的优化会产生重大影响。区域企业规模化是指重点推动区域先导产业和支撑业内的技术创新型企业集团化、规模化发展，提高企业技术创新能力和企业规模经济效益，进而提高产业集中度，增强区域竞争力，实现主导产业跨越式发展。区域规模化企业的数量越多、规模越大，对区域经济的带动和吸引作用越强；反之，对区域经济的带动和吸引作用就越不明显。西部生态脆弱地区仍处于工业化初期阶段，产业集中度低，企业规模偏小，缺少规模效应和带动效应，产业效率低下。适度的企业规模有利于提高产业组织效率和产业经济效益，而过度集中的企业规模则有可能形成垄断，降低市场效率，抑制企业创新，造成资源配置的低效率和产业的低效率。如何把握这一个平衡，是西部地区亟待解决的核心问题。

西部生态脆弱地区产业组织的规模化和产业集中度的提高，可以从三个层面来实施。

（1）在企业内部的层面。扩大单个企业的生产规模，使其在使用更大型和更有效率的机器设备时的规模成本降低，使采用高性能的大型机械设备变为现实。

（2）在企业之间的层面。通过企业之间共用零部件和原材料使成本下降以获得规模经济效应，并且促进企业专业化生产，从而提高了质量，且可以分摊长期生产成本。

（3）在区域产业层面。可以通过合理兼并和重组来促进企业规模的扩大和产业集中度的提高，企业之间可以通过水平并购、垂直重组、联合协作等方式来加快生产经营规模的扩张速度。产业规模化和集中度的提高，不仅会带来生产效率的提升，还会带来大规模采购的收益。采购量的增加增强了企业在要素市场上的地位，这表现为讨价还价的能力以及获取信息的能力的增强。

然而，企业过度的规模化也会产生负面效应，随着产业集中度的不断提高和企业规模的不断扩大，会逐渐形成几个联合企业或企业集团的寡头竞争格局，甚至某个企业可能由于强大的竞争优势而吞并或击败对手，最终成为垄断企业。垄断可能在初期享有规模经济，但后期则可能由于没有竞争对手而失去创新的动力，甚至导致创新的停滞和生产的低效率，不利于整个产业的发展。因此，西部生态脆弱地区要避免垄断带来的低效率，就需要寻求企业规模和有效竞争的平衡，既能产生规模经济，又不抑制市场竞争的有效性，要在产业发展的前提下促进企业间合作竞争，即企业之间既有竞争，也有合作，且合作大于竞争的方式。合作竞争市场组织是西部地区产业发展和组织优化的最优选择，它既能促进市场竞争，又能实现规模经济效益，从而使组织结构得到优化。

要使西部生态脆弱地区的产业组织形成有效竞争，应从两方面来着手。

（1）调整企业规模结构，提高资源配置效率。通过调整企业的存量资产和增量资产来优化企业规模结构。通过企业破产、兼并机制来实现存量资产的重组，建立产权转让市场来盘活国有资产存量，通过专项投入和政策扶持来促进企业规模的内部性增长，从而优化企业的规模结构。

（2）促进分工和专业化，避免企业恶性竞争。规范和引导西部中小企业的市场化发展，对规模不科学、设备陈旧、竞争力弱的小企业，由优势企业通过兼并、收购、转让等方法对其改造和重组，对"全能型"的小企业，通过产品结构调整，使其成为小而精、小而专、小而特的小企业与大企业协作配套，与大企业建立稳定的经济联系，对产品没有销路、污染严重、资不抵债的小企业，要坚决依法实行破产。

此外，要实现西部生态脆弱地区的产业组织规模效益和有效竞争，还必须发挥好政府的引导作用。

（1）通过进一步深化经济体制改革，引进现代企业制度，推动市场竞争，打破地区、部门和所有制之间的分割，使资源跨地区、跨部门、跨所有制流动，按照生产的内在经济联系重新组织资源，从而改善西部地区产业分散化和生产集中度低的状况。

（2）通过制定相应的产业组织政策，加快企业间的联合重组，建立以大企业为中心的现代产业组织结构。加强对企业兼并方案的研究、审查和监督，防止盲目兼并。有计划有步骤地发展西部地区的证券市场，通过货币资源的有效配置实现优势企业的迅速壮大，促进产业集中度的提高。

（3）通过制定区域产业技术政策，增强区域产业技术基础，提高区域产业技术水平、技术创新能力，增强区域产业的整体素质。

（二）产业规模化跃升与资源约束问题

在世界经济快速发展的今天，自然资源短缺已经成全球性问题。中国通过改革开放以来几十年的高速发展，成为全球第二大经济体和第一制造业大国，但同时也付出了巨大的代价，消耗了大量的自然资源，资源环境约束的矛盾越来越突出。西部地区虽然属于自然资源较丰富的地区，但由于资源区域分布的不均衡，同样也存在着自然资源的结构性矛盾。西部大开发战略实施以后，虽然西部地区加快了工业发展步伐，加大了资源开发力度，但由于传统的高投入、高消耗、高排放、低效率的粗放型增长方式没能完全杜绝，使有限的资源加速消耗，环境状况进一步恶化，使西部地区的新一轮发展在资源存量和环境承载两方面都受到制约。此外，西部生态脆弱地区产业的规模化和高级化发展，除了受到自然资源的制约以外，还面临着人才、技术、资金等方面资源短缺的约束。

（1）自然资源的约束。西部生态脆弱地区本身就存在着自然资源分布不均的结构性矛盾，西北缺水、西南缺土是不争的事实，西部不同的地域，在水资源、土地资源、能源资源、矿产资源、生物资源等方面也表现出了不同的短缺。虽然西部地区占国土面积2/3以上，但适宜耕作和人居的土地少。在严重超载的土地上强行开发，必然会产生严重的生态问题。西部近年来资源开发片面注重经济效益而忽视资源保护，使得资源开采浪费严重；在资源利用过程中，长期的"三高一低"的生产方式导致自然资源消耗严重，浪费巨大，使得西部地区的自然资源总量已大为减少，这对西部素来以自然资源尤其是矿产资源作为产业竞争优势的来源是十分不利的。而且资源型产业大都具有成本递增的特点，开发到一定程度，就难以通过技术来提高效益水平。

（2）人才资源的短缺。西部生态脆弱地区产业的规模化发展，需要大量的人才资源。然而，长期以来由于经济发展和生活条件的落后，造成科学技术人才和管理人才大量外流，特别是在改革开放以后的相当一段时间里，西部人才的"孔雀东南飞"现象十分普遍，从而造成了西部的人力资源缺乏，尤其是高科技人才十分短缺。与此同时，西部地区的人力资源开发滞后，人力资源短缺，反过来又造成了西部地区经济发展的严重滞后，从而形成恶性循环。西部生态脆弱地区产业的技术进步和规模化升级，需要一大批高素质的人才资源来保障，产业的快速发展和绿色发展，需具备必要的高技术条件和高水平的现代化管理。因此，只有加大人力资源投入，大力开发和积蓄人力资源，才能真正有效地提升西部生态脆弱地区产业的规模化和高科技化水平。

（3）技术资源的稀缺。西部生态脆弱地区产业的规模化和高级化发展，需要充足的技术创新资源来保证。科技创新是先进生产力代替落后生产力的重要标志，是推动区域经济发展的强大动力。然而，西部生态脆弱地区绝大多数产业领域的技术储备不足，技术创新资源稀缺，技术集成和创新能力薄弱，没有形成有效的区域创新系统和高效的区域创新网络。主要表现在：企业工程技术人员严重短缺，技术创新投入严重不足，科技资源配置机制欠佳，创新资源结构失衡，技术信息渠道不畅，技术创新平台缺乏，技术创新手段落后，协作创新氛围不好，并由此导致了技术创新主体错位、技术创新要素欠缺、创新要素聚集乏力、科技转化效率低下、科技创新能力不足等后果。这制约了西部生态脆弱地区自主创新的发展，影响了产业的规模化和高级化发展。

（4）资金资源的制约。西部生态脆弱地区产业的规模化发展和高级化跃升，需要强大金融支持和大量资金为后盾。虽然自西部大开发以来，国家给予西部大量的资金支持，但由于西部生态脆弱地区原有的经济发展基础较为薄弱，财政收入极为有限，使其产业的规模化发展和高级化跃升，仍然面临着资金严重短缺和货币供给不足的制约。此外，由于西部生态脆弱地区的企业实力不强、民间资本薄弱、贷款限制较多、融资渠道有限等外部原因，以及信用体系不健全、市场信息不对称，"逆向选择"和"道德风险"等内部原因而造成的企业融资困难，也成为制约西部地区中小企业的发展"瓶颈"，企业受资金的制约而难以发展壮大。资金资源的不足，制约了西部产业的规模发展和高级化升级，制约了企业在新产品研发、技术创新以及在人力资源方面的投入。

（三）产业发展的生态环境恶化问题

一个区域的生态环境状况往往体现了该区域的资源和经济的关系。随着社会生产力水平的不断提高，生态环境与产业发展之间的依存度越来越高，相关性越来越强。区域自然资源禀赋与生态环境条件已成为区域产业结构形成和调整的重要依据，只有适宜地域生态环境的特点、合理利用自然资源的产业结构和产业组织，才具有强劲的生命力、拓展力和竞争力。生态环境优良、自然资源丰富，产业发展就有雄厚的自然基础与优越的生境条件，才有可能培育出长足发展的优势产业，并形成不断升级的合理产业结构。反之，若对资源环境无节制地超强消耗和破坏损毁，将导致产业缺乏自然基础的支撑，原本有特色的产业也会逐步丧失其比较优势，甚至出现生存危机。因此，优良的生态环境是西部生态脆弱地区产业发展的基础和前提。

　　然而，就目前而言，生态环境问题仍然是西部生态脆弱地区产业规模化发展和高度化升级所面临的最严峻问题。区域生态环境的脆弱性往往都与区域中人们生存的贫困性紧密联系在一起，生态脆弱地区往往也是最为贫困的地区，恶劣的生态条件往往也不太适宜人类的生存。在恶劣的生存条件下，欠发达地区人们往往会为了勉强维持生存而进行滥采滥挖，对自然资源进行掠夺式开发。其结果必然会导致严重的水土流失、环境破坏、生态退化，使生态系统的自然生产力和生态功能降低。这反过来又会进一步影响人们的生存和发展，由此形成恶性循环。历史的经验证明，在区域生产力发展水平还很低，片面强调生态环境的保护与建设，往往都是一厢情愿和徒劳无功的。

　　国内外的实践证明，要根本解决区域的生态脆弱和欠发达问题还是要依靠区域的经济增长。而区域经济的增长，则需要以资源优势为基础，建立现代产业体系。产业作为经济增长最重要的载体，其产生、发展、演化过程在提升经济总量、丰富人民物质文化生活的同时，又必然会对生态环境产生负面影响。西部的许多生态脆弱地区具有较为丰富的自然资源，这是其摆脱生态贫困自然物质基础，然而，自然资源的开发与利用过程，不可避免地要面对环境破坏和生态环境退化的不利影响。如何最大限度地减少自然资源开发与利用对环境造成的破坏和给社会带来的不利影响，是西部生态脆弱地区产业优化发展中面临的一个不可回避的重要问题。自西部大开发以来，西部许多生态脆弱地区产业的发展仍然普遍沿用过去粗放的增长方式，这在农业和工业两个方面都表现得较为突出。

（1）在农业方面。西部生态脆弱地区的农民普遍采用的是一种外延式的生产方式，对生产的投入大部分集中在土地与劳动的投入之上，广种薄收、超载过牧、乱砍滥伐现象普遍，从而造成水土流失、土地沙化、盐碱化、旱涝等自然灾害加剧，土地生产力降低，从而使得人地关系紧张，贫困程度加深，生态环境恶化，人类的生与受到威胁。一些地区的农民在农业生产过程中为降低成本，使得使用价格低廉、高毒、高残留农药和化肥的现象十分普遍。农业对生态环境的污染主要表现在：过度施用化肥、农药造成的土壤污染，焚烧秸秆造成了空气污染和土壤磷、钾的缺失，农业塑料等废弃物对环境的污染等。此外，集约化畜禽养殖业的迅猛发展，也是造成农业污染的重要因素。由于对大量畜禽粪便缺乏处理能力，随意堆放或直接倒入河流，使其进入水体或渗入浅层地下水，造成了大面积污染。

（2）在工业方面。对生态环境的影响主要表现在：矿产资源开发造成的生态破坏，工业生产产生的"三废"造成的环境污染，资源能源消耗强度过大造成的高废弃高污染等。西部许多地区的矿产开发，造成了大面积的植被毁灭和环境破坏，西部多数的能源资源型企业的环保投入不足，"三废"排放普遍超标，对生态环境的污染日趋严重。此外，由于生产技术落后，导致原材料消耗强度和万元产值能耗居高不下。因此，工业对西部生态环境的负面影响十分严重。

四、西部地区产业优化发展的思路和途径

自西部大开发战略实施以来，特别是新一轮大开发启动以后，西部地区的经济发展很快，其产业结构在一定程度上也得到了优化。但与基础设施建设与生态改善等西部大开发其他一些重点任务完成情况相比存在很大的差距，与全国尤其是东部地区的差距非常悬殊。西部地区产业结构整体水平不高，产业内部结构层次低，成为制约西部工业化进程和经济发展的重要因素。因此，必须加大力度推进西部产业结构的优化，在产业之间协调发展的基础上实现产业结构的合理化与高度化。通过合理的产业规模比例，强化产业间的紧密关联和相互作用，以产生一种不同于各产业能力之和的整体能力，提高产业之间有机联系的聚合质量；以技术创新和应用为动力，推动产

业结构从低层次向高层次的发展。根据西部目前的产业结构现状，可以通过以下思路和途径来进一步优化。

（一）利用承接东部产业转移的机遇，适度转变东西部产业分工格局

由于历史原因形成的西部开发资源东部加工制造产品的分工格局，造成了西部产业结构升级缓慢。要改变这一状态，就必须树立资源开发、资源输出与资源就地加工相结合的产业组织理念，促使西部地区由单一的资源开发产业模式逐步转变为资源开发和加工相结合的产业模式。如：西部精细化工的发展，就可以提高资源的附加值，提升区域优势。产业转移是优化生产力空间布局、形成合理产业分工体系的有效途径。西部地区应该充分利用东部地区产业转移的机遇，按照"政府引导、市场导向、优势互补、互利共赢"的原则，加强与东部地区在基础设施、生态环境、特色农业、资源利用、装备制造、现代服务业等领域的合作，积极承接东部地区的产业转移，形成更加合理的东西部产业分工格局。

（二）引导传统工业向新型工业转变，促进结构向生态优化方向发展

通过加快信息技术和高新技术在传统工业领域的运用，加快用高新技术和先进应用技术改造提升传统工业产业，构建和培育西部新型的工业产业组织体系。在利用资源特色优势的同时，利用新技术对重工业进行技术改造，提高轻重工业相互配套能力，淘汰高耗能企业设备和产品。引入循环经济，通过上下游形成产业共生组合，使一家企业的副产品是另一家企业主产的原材料，这样，不仅节约了资源，提高了生产效率，还减少了排放，保护了生态环境。同时，形成以资源产业（产品）为主导产业，其他配套产业共同发展的产业集群，发展副产品和废弃物资源相结合的产业循环生态链，以经济效益优势同环境效益优势共同提升产业层次，形成生态化的产业结构。

（三）对传统农业进行现代农业改造，推进服务业向现代服务业转变

对西部地区传统农业的现代化改造，主要是通过运用现代工业来装备农业、用现代科学技术来改造农业、用现代管理方法来经营农业，逐步实现农业生产科学化、机械化、电气化、水利化、良种化，以及农业经营的产业化、市场化等。通过优化农业结构，缩小西部农业在三次产业中的比例。对西部地区传统服务业的现代化改造，就是运用现代信息技术和现代管理手

段，对传统服务业进行整合与改造，培育形成计算机软件服务、移动通信服务、信息咨询服务、教育培训服务、生态环保服务、商务会展服务、现代物流服务等新型服务业态；发展壮大银行、证券、信托、保险、租赁等现代金融业，建筑、装饰、物业等房产相关产业，会计、审计、评估、法律等中介服务业等，从而优化第三产业的结构。

（四）构建产业园区和培育产业集群，通过产业聚集实现结构的优化

西部地区应按照主体功能区要求，合理调整产业布局，着力培育和壮大一批承载能力强、发展潜力大、经济实力雄厚的重点经济区（带）。通过统筹规划构建产业园区，合理确定产业定位和发展方向，形成布局优化、产业集聚、用地集约、特色明显的产业园区体系。把产业园区作为承接产业转移的重要载体和平台，引导转移产业向园区集中，促进园区规范化、集约化、特色化发展，增强重点地区产业集聚能力。培育和壮大产业集群，发挥规模效应，提升辐射带动能力。发展产业集群内已有重点产业、骨干企业的带动作用，吸引产业链条整体转移和关联产业协同转移，提升产业配套能力，促进专业化分工和社会化协作，促进工业化与城镇化相融合，从而实现区域产业结构的优化。

第三章　发展循环经济，促进可持续发展

第一节　西部地区发展循环经济的障碍

一、循环经济的概念

循环经济是按照自然生态系统物质循环和能量流动规律重构经济系统，将经济系统和谐地纳入自然生态系统的物质循环的过程中，建立起的一种新型经济运行模式。循环经济模式比单纯的清洁生产方式更进了一步，它是以产业生态学理论和可持续发展思想为指导，将清洁生产方式与废弃物综合利用有机结合，重构产业生产组织体系而形成的产业生产活动过程。

在资源投入、生产过程、产品消费、产品废弃的过程中，由传统的"资源—产品—废弃物"物质单向流动的线性生产消费模式，转变为"资源—产品—废弃物—资源（再生）"的物质闭路流动的循环生产消费模式，使所有的原料和能源在这一持续的经济循环中得到合理利用。从而把经济活动对自然环境的影响降低到尽可能小的程度，最终实现人类与生态的和谐相处。

（一）循环经济的核心内涵

循环经济的核心就是资源的循环利用。循环经济中的"循环"，强调的是资源在利用过程中的不断循环，这种"循环"既实现环境友好，也保护了经济的良性循环与持续发展。"循环"不是指经济循环，而是指经济赖以存在的物质基础——资源在产业经济再生产体系各个环节中的不断循环利用（包括消费与使用）。资源循环利用是指：实现自然资源的合理开发；在将

原材料生产加工为环境友好产品的同时实现现场回用（不断回用）；在流通和消费过程中的最终产品的理性消费；最后又回到生产加工过程中的资源回用四个环节的反复循环。资源短缺和市场需求是资源循环利用最根本的引导力，科学创新和技术进步则是资源循环利用的根本推动力。

（二）循环经济的基本特征

从产品的生产和消费过程来看，循环经济即物质闭环流动型经济，以资源的高效利用和循环利用为核心，以低消耗、低排放、高效率为基本特征，从而提高资源效率和环境绩效。其基本特征主要表现在以下几方面。

（1）在资源开采环节，尽最大可能提高资源综合开采率和伴生资源的综合开发回收利用率。

（2）在生产投入环节，在满足生产和消费需求的同时，尽量减少物质和能量的投入，提高资源利用效率。

（3）在废物再生环节，开展综合回收和循环利用，废弃的产品和废料要回收以作为再生的资源。

（4）在产品消费环节，提倡绿色消费、低碳消费、循环消费、适度消费，并在消费的同时考虑废弃物的资源化。

（三）循环经济的遵循原则

循环经济遵循"3R"原则，即以下三点。

（1）减量化（Reduce）原则：尽量减少进入生产和消费流程的物质量，用较少的原料和能源投入满足既定的生产或消费需求，从经济活动源头做到节约资源和减少污染。在生产中，尽量使产品体积小型化和重量轻型化，包装简单朴实而不是奢华浪费；在生活中，减少人们对物品的过度需求，以达到减少废弃物排放的目的。

（2）再利用（Reuse）原则：尽量延长产品和服务时间。在生产中，要求制造商采用标准尺寸设计，以便维修产品更换部件而不必更换整个产品，鼓励发展再制造产业；在生活中，鼓励购买能够重复使用的物品和包装物，减少一次性用品的污染。

（3）再循环（Recycle）原则：尽量把废弃物再次变成资源以减少最终处理量。

二、西部地区循环经济发展的特征

在西部大开发战略实施以来，西部地区发生了很大改变，经济社会建设取得了巨大成就。然而，大多数地区仍然采用高投入、高消耗、高排放、不协调、难循环、低效率的传统增长方式，给西部生态脆弱地区的资源和环境造成了很大的负面影响。西部地区的各省区市已充分认识到了这一问题的严峻性，逐步把保护自然资源和生态环境放在了重要的位置，通过积极发展循环经济这种现代经济发展模式，努力构建环境保护型、资源节约型社会。各地政府先后出台了一系列促进循环经济发展的政策与法规。在农业、能源、化工、冶金、建材等领域构建了各具特色的循环经济产业体系。在国家大力推进循环经济发展的大背景下，西部地区的循环经济发展得到了政府的积极引导和政策的大力支持。现阶段西部生态脆弱地区循环经济的发展表现出以下主要特征。

（1）政府强力的主导。大力发展西部循环经济，中央政府先后提出了发展"循环经济、转变增长，走可持续发展之路"以及"资源节约型、环境友好型社会的构想"，并进一步强调节约资源、保护环境，提升发展质量，提出降低能源消耗、提高资源利用效率、减轻环境污染、保护环境。中央的政策从宏观层面新型的社会构建到微观层面资源的节约体系完备，提高了资源的利用效率，促进了循环经济发展。西部地方政府认真贯彻中央政策，将"节能、减排、保护环境"作为发展循环经济的目的。西部各省区市政府专门成立了相关工作组、循环经济工作领导小组、节能减排办公室等，将"节能减排"指标任务分解量化，层层下达到地区、行业和企业，并以此为切入点，推动企业清洁生产和循环经济的发展。可以说在西部地区循环经济发展的初级阶段，政府起着至关重要的强力主导作用。

（2）专门规划的引导。可以说西部生态脆弱地区每个循环经济项目的开展和每个循环生态园区的构建，都离不开一个专门规划的引导。循环经济发展专门规划的制定，一方面能够衡量其发展的进展，另一方面能够保证规划按计划实施，起到重要的引导作用。

（3）法规制度的保障。为了使循环经济发展在制度上得到进一步保障，西部的一些省区在贯彻执行国家《清洁生产促进法》《节约能源法》《循环经济促进法》等法律法规的基础上，结合自身实际制定了相应的地方性法规。这些地方性法规的建立为当地循环经济的发展提供了重要的法律保障。

（4）政府政策的支持。在建立地方性相关法规的基础上，西部生态脆弱地区的地方政府，还从财政、税收、金融、土地、环保、建设、科技等方面出台相关的鼓励扶持政策，支持和促进循环经济的发展。例如，四川省制定了相关政策，把符合循环经济要求的项目列入政府投资的重点领域优先安排，给予一定的直接投资、资金补助或贷款贴息支持。甘肃省制定了相应政策，对发展循环经济企业给予直接投资、财政贴息、财税优惠等，对节能型企业进行适当补助和资助，对产品的推广应用进行适当补贴，对资源再利用给予税收优惠。此外，西部其他省区也相继制定了鼓励和支持循环经济发展政策。

三、西部地区循环经济发展的约束

目前，我国西部欠发达地区环境污染严重，生态破坏加剧的趋势尚未得到有效控制，空气质量尚未根本好转，江、河、湖、库水质受到不同程度污染。尽快遏制生态环境恶化状况、改善环境质量，已成为西部欠发达地区可持续发展亟待解决的问题。据估算，西部欠发达地区能源利用率若能达到世界先进水平，每年减少的能源消耗将使大气环境质量得到极大的改善；固体废弃物综合利用率若提高1个百分点，每年就可减少约50多万吨废弃物的排放。西部欠发达地区发展循环经济势在必行，但也面临诸多障碍。

（一）规模约束

目前，西部欠发达地区企业规模相对较小，不仅直接影响到资源利用率以及废弃物的资源化程度，而且污染监控成本较高，循环经济的技术推广成本也较高，西部欠发达地区发展循环经济缺乏规模支撑。西部欠发达地区"五小"企业在我国污染密集型和资源型行业占有很重要的地位，这一特点在西部欠发达地区表现得很明显。由此可见，只有实现规模经济，西部欠发达地区循环经济才能得以发展。

（二）认识约束

对生态环境重要性与加快循环经济建设紧迫性的认识不足。一些地方与部门比较重视和强调经济增长，忽视人与自然生态的相互协调；对如何科学推进循环经济建设缺乏认识。循环经济是一个新生事物，对循环经济的科学内涵以及它的建设机制与保障政策等问题还有待进一步研究。同时，对"先污染、后治理"的局限性认识不充分。"先污染、后治理"是生产过程末端治理模式的体现，是问题产生后进行处理的被动措施，不仅治理成本高，而且将一种废弃物转化成为另一种废弃物，不可能从源头上避免废弃物的产生。末端治理也使企业满足于排污不超标，而没有动力实施更加清洁的生产方式。

（三）机制约束

缺乏高效的运作机制和价格体系。虽然我国综合国力得到全面提升，但广大西部欠发达地区市场机制和市场体系尚未健全和完善，存在着市场行为不够规范、产品生产加工标准化程度不高、市场准入监管不彻底等问题，优质优价的市场机制尚未完善，合理的价格体系尚未形成，特别是发展循环经济的经济激励机制的缺失是西部欠发达地区快速、稳步推动循环经济发展的主要障碍之一。

（四）技术约束

发展循环经济所需要的污染治理技术、废物利用技术和清洁生产技术研发投入不足，先进适用技术尚未得到普遍的推广。尤其是各产业之间相互关联、相互协调、相互配套的关系比较松散，在促进整个国民经济结构优化和"循环"的作用方面还存在着许多问题。尚未建立起基本的物质流量表，对于企业和地区进行循环经济管理缺乏基本的数据信息。改变这一现状需要从企业开始，建立基本物质流量表，在此基础上建立地区和国家物质流量表，这是对循环经济进行有效管理的基础。

全社会的物质流动网络极其复杂，这需要政府建立一套科学的方法体系，以便能够对物质流进行监控和管理，并有针对性地采取相应的调控政策。

（五）制度约束

随着全球人口和经济的不断增长，环境与资源制约日益增强，循环经济必将会成为未来人类社会一种新的经济形态。尽管我国已经建立了一些环境保护机构，通过了一系列环境保护立法，为推进循环经济奠定了一定的基础，但总体上我国循环经济体系尚未完全建立起来。其中阻碍循环经济建立的制度因素有以下几方面。

（1）传统制度的路径依赖机制阻碍着循环经济的建立。

（2）我国传统的经济增长方式阻碍着循环经济的实现。

（3）我国现有的环境保护制度存在着很多问题。

（4）环境产权界定困难。

（5）基于他国环境治理的搭便车心理。

适于循环经济发展的制度体系包括生态环境要素的定价和有偿使用制度、生产者责任延伸制度、消费者责任制度、政府责任制度等。促进循环经济的激励机制包括企业资源再生利用的激励机制、节约使用资源的激励机制、有效的技术支持机制等。制度和机制是发展循环经济、走新型工业化道路的根本保证。不解决制度和激励机制问题，仍然按照传统的对经济管理的认识，把生态环境和自然资源排除在宏观经济要素之外去管理经济，那么循环经济模式将不可能实现，西部欠发达地区可持续发展也仅仅是理念。

（六）政策约束

政策体系有待完善，促进循环经济建设的政策支持力度有待进一步加大。特别是要制定和实施强有力的优惠政策，扶持和促进重点产业和重点企业发展循环经济，不断提高循环经济的水平。

目前西部欠发达地区的循环经济主要在企业层次，以示范企业的清洁生产为核心，以污染治理和典型企业内部循环利用资源的方式展开。已经形成的以大城市为核心的循环经济网络，主要由有直接利用价值和经济效益的生产废弃物回收利用，有直接利用价值和经济效益的生活垃圾收集、分类回收、再生化处理加工体系组成。这是市场自发形成的，以分散的垃圾收集者和集散者组成的不完善的网络，存在对环境的二次污染隐患。没有直接利用价值，需要进行深加工处理并且直接经济效益不高的废弃物和生活垃圾，还没有形成循环利用网络，主要由清洁企业收集清运，以直接集中填埋处理或直接向大自然排放的方式处理。虽然中西部一些城市已建立了垃圾再生处理设施，但由于缺乏运转费用过高而不能正常运转。

（七）人才约束

在知识经济高速发展的今天，人才已成为国家或地区发展的最重要资源之一，人才的状况和水平也能较好地反映该国或地区的生产力发展状况和水平。我国现有的人力资源状况还不足以支撑以技术为主导的循环经济增长方式的发展。西部欠发达地区的人力资源状况不容乐观。总体而言，当前我国西部欠发达地区存在"人口数量多，增长快，专业技术人才少，科技力量基础薄弱"的特征。大力推进循环经济发展，需要大量能够熟练运用循环经济的生产技术、加工技术的生产人才，需要大量懂得循环经济发展的管理人才。而西部欠发达地区人力资源质量整体偏低的状况，成为该地区循环经济发展的主要障碍之一。

（八）结构约束

我国西部欠发达地区经济基础薄弱，结构不合理，国民经济仍停留在传统农业阶段，工业化水平低，规模和总量小。第一产业所占比重大。农业仍是劳动密集型，受耕地、灌溉条件、科技和人的素质低等因素制约，难以形成规模化、产业化经营。第二产业比重较小。工业又主要是为中东部地区提供原材料、能源等初级产品，与居民生活密切相关的轻工业产品大多是从外部调入。第三产业增长缓慢。轻重工业比例失调，提供社会服务的部门严重滞后。西部欠发达地区产业结构的失衡对发展循环经济极其不利，已成为制约西部欠发达地区循环经济发展的主要障碍之一。

第二节　西部地区发展循环经济的现状及必要性

一、西部地区循环经济发展的现状

目前，我国的环境污染状况不容乐观。如果不能从根本上改变粗放型的经济增长方式，我国西部欠发达地区的环境污染状况将继续向上攀升，并更大幅度超越环境承受能力。因此，我们必须转变经济增长方式，寻求新的经济发展模式，构建新的技术经济范式和制度框架，减轻经济增长过程中的资源消耗强度和环境污染强度。

我国西部欠发达地区的经济增长与资源消耗、废物排放具有相关性，有些资源消耗指标和废物排放指标甚至快于经济增长。西部地区仍然存在重GDP指标，轻资源消耗；重发展速度，轻环境负荷；重环保的末端处理，轻环保的源头预防等现象。当地有些经济增长仍然是以粗放型、外延型和资源消耗型方式完成的。在今后的发展中如何改变这种经济发展模式，在经济增长的同时，使资源消耗和废物排放"减量化"，使GDP"增大"的同时"变轻"，是西部欠发达地区必须从战略性高度审时度势并予以解决的重大理论与实践课题。

目前，西部欠发达地区经济社会发展将在经济快速增长的同时进入急剧的转型期。在这个时期，我们必须解决过去几十年积累的一系列经济社会矛盾。解决这些问题需要大量投入，需要保持一定的经济增长速度。因此，坚持以经济建设为中心，促进经济增长仍是西部欠发达地区在未来相当长的时期内的重要任务。这就决定了这种转型必然伴随经济高速增长，同时也必然面对巨大的生态环境压力。

在这种情况下，我们必须走出一条新型的经济增长道路。西部欠发达地区的经济发展也必须避免走以环境破坏为代价的"先发展、后治理"的老路。用什么样的具体发展模式及相应的机制来实现社会主义现代化，进入创新型国家前列的目标，满足新型工业化道路的标准，将经济发展、社会进步和环境保护三大要求纳入统一的框架中，取得三维整合和共赢，是需要深入探索的一个重大理论与实践课题。从西部欠发达地区目前的资源与生态环境形势看，要实现该地区社会、经济、生态的可持续发展，大力发展循环经济是最佳的模式选择。

我国西部欠发达地区必须要转变经济增长方式，大力发展循环经济，把原来单一线性的"资源—产品—废物和污染排放"过程改变为"资源—产品—再生资源—产品"物质循环反馈式流程，进而使整个生产、经济和消费过程不产生或少产生废物，使经济活动对自然环境的影响降低到最低程度，资源和环境得到合理配置和永续发展，从而保证经济和社会发展与自然环境改善的协调一致性和可持续性。

循环经济是西部地区实现可持续绿色发展的一条有效途径。而构建产业生态园则是实现循环经济模式的重要形式。目前西部地区的许多城市都已经开始积极推进循环经济生产和产业生态园区建设，然而在推进循环经济和生态园区建设的过程中，还存在着一些需要克服的问题。在全球低碳经济和绿色经济浪潮的推动下，进入新世纪后西部许多地区也同全国一样，积极开展了循环经济的试点探索，并在一定程度上进行了推广，为西部地区广泛发展循环经济积累了经验、奠定了基础。

自从循环经济模式引入国内以后，在全国范围内得到积极的推广。虽然西部地区经济发展比较缓慢，但在政府的积极引导和大力推动下，循环经济在西部三大生态脆弱区内都开展了试点，并在一定的范围内得到了推广和发展。西北干旱及沙漠化生态脆弱区域内的陕西、甘肃、宁夏、新疆、内蒙古等省区，西南山地及石漠化生态脆弱区域内的四川、贵州、云南、重庆、广西等省区，青藏高寒复合侵蚀生态脆弱区内域的西藏、青海等省区，都根据自身区域特点及产业发展实际，制定了发展循环经济的规划，出台了相应的扶持政策和鼓励措施，积极开展了不同领域和不同层面的循环经济试点推进和推广建设工作，取得了一些可喜的成效。

西部地区内的各省区，除了都在一些重点耗能污染的工矿企业开展循环经济试点和推广外，还在农林牧等领域积极探索适合自身实际的循环经济模式。例如甘肃河西地区的点、线、面农业循环经济发展模式，宁夏的循环种养、沼气开发、秸秆利用等方面的循环经济模式，新疆伊晋县的有机生态农业循环经济发展模式，内蒙古巴彦淖尔以玉米、肉羊循环、林板为主线的循环经济模式，陕西的农业水资源利用、果业及种植循环模式，贵州的粮食作物、经济作物、生态畜牧、水产养殖等的循环模式，四川和重庆地区的"猪—沼—果（蔬）"、多元循环、立体农业等循环经济模式，云南地区的"林果—饲草—畜牧—沼气"循环经济模式，西藏和青海地区的畜牧业循环经济模式等。以上这些循环经济模式的试点和推广都取得了积极效果。

二、西部地区发展循环经济的驱动形式

近年来，西部地区内的各省区市，纷纷从生态建设、污染防治、资源节约的实际出发，因地制宜，突出重点，积极探索适合本地情况的循环经济发展模式和驱动方式，不仅从工业、园区、城市等层次探索循环经济发展模式，还从农户、小流域、村镇等层次探索农业和农村形态的循环经济模式，使循环经济与生态建设和污染防治有效结合。同时还在充分考虑自身已有的产业特点，结合目前循环经济技术发展的基础之上，努力构建自己的循环经济体系。通过制定适合于本省区的循环经济发展规划，出台循环经济发展的相关指导意见，制定相关的地方性法规和相应的激励政策等，多措并举来推动本地的循环经济发展。总体看来，西部地区推动循环经济发展模式，主要有示范带动型、企业带动型、园区驱动型和城市驱动型等。

（1）重点示范带动型。即先选择重点地区、重点行业和重点企业进行试点，在循环经济发展试点成熟以后，再对成功经验进行广泛的宣传，并在各个层面进行广泛动员，通过重点地域、重点行业、重点企业的示范带动，以及政府推广，实现整个地区循环经济的发展。

（2）试点企业带动型。主要是根据企业自愿、政府引导的原则，在冶金、煤炭、电力、建材、化工、轻工等行业，选择一些能源资源消耗大、废弃物排放压力大、生态环境影响大的企业开展循环经济试点。按照建立现代企业制度的要求，建立健全资源节约管理制度。积极推行清洁生产，开展环境管理体系认证。力争试点企业单位产品能耗、物耗、水耗及污染物排放量达到国内或国际先进水平。

（3）生态园区驱动型。即通过循环经济生态园区的建设来带动循环经济的全面发展。首先选择多个园区开展循环经济试点，按照发展循环经济的要求进行规划、建设和改造，发挥产业集聚和工业生态效应，形成资源高效循环利用的产业链，提高资源产出效率，并以此为推动力，驱动全省区市的循环经济发展。

（4）生态城市驱动型。这种模式其实是重点地区带动型的演变，只不过是将起重点地区的范围扩大，然后再发展到整个区域。西部省份一般是选

择资源型城市开展试点，积极发展资源深加工产业，形成以资源为链条的系列主导产业基地。开展资源节约和废弃物综合利用，力争资源综合利用率达到同类城市的先进水平，资源综合利用产生的经济效益达到全国先进水平，企业污染物排放达到国家标准。

三、西部地区发展循环经济的必要性

（一）发展循环经济是西部地区落实科学发展观的具体体现

发展循环经济不仅充分体现了可持续发展理念，也体现了走"科技含量高、经济效益好、资源消耗低、环境污染少、人力资源优势得到充分发挥"的新型工业化道路的思想。循环经济是统筹人与自然关系的最佳方式，是促进经济、生态、社会三位一体协调发展的基本手段。循环经济是运用知识流、技术流和信息流来整合和提高品质流和能量流的利用效率。由此可见，发展循环经济是落实科学发展观的具体体现。

（二）发展循环经济是西部地区实现产业结构升级和调整的重大举措

发展循环经济有利于西部欠发达地区经济结构调整，减少环境污染和末端治理带来的问题。在长期以来形成的国内分工格局中，西部欠发达地区的工业结构很不合理，其特征一是"资源高消耗、污染高排放"的能源和原材料工业占很大比重；二是传统产业占很大比重，其中大多数传统企业技术落后、设备陈旧，既无法与东部的先进企业竞争，还容易造成环境污染。西部欠发达地区万元产值的能耗及排污量，要比发达地区高出数倍。

因此，西部欠发达地区应该以循环经济的理念对产业结构升级和调整目标进行重新梳理，明确该地区产业结构优化和调整的方向是经济循环化、产业生态化、工业共生化、生产清洁化、资源再生化、废物减量化；大力推进循环经济发展，才能保护好自然资源和减少废弃物排放对环境的污染，进而促使经济结构向良好的方向发展；大力建设循环经济，进一步加强废弃物综合利用，加快建立生活垃圾及废旧物资分类回收利用系统和城市生活污水处理回用系统，充分开发利用各种再生资源，既有利于保护环境，又可以发展环保产业，形成新的经济增长点。

（三）发展循环经济是西部地区提高资源利用效率、变革经济增长方式、促进经济增长方式转变的要求和动力

西部欠发达地区经济要继续保持快速增长，必须在有限的资源存量和环境承载力条件下，通过循环经济建设，大力推行清洁生产，大幅度提高资源综合利用效率，才能从根本上转变传统的经济增长方式，实现从量的扩张到质的提高的转变，促进经济和环境协调发展。我们应该清醒地看到，目前西部欠发达地区的经济发展仍然是以粗放型和外延型为主，传统的经济增长方式主要是以市场需求为导向，以利益最大化为驱动力，不计资源代价和环境成本，大量消耗自然资源、大量排放各类废弃物、大面积污染生态环境，很难想象该地区以这样的经济增长方式，再过几十年将以什么样的资源和环境来保障经济社会发展。

（四）发展循环经济是提高地区经济竞争力、迎接新挑战的重要手段

循环经济是一个集知识密集、技术密集、资本密集和劳动密集为一体的新经济发展模式。发展循环经济必须有强大的科技支撑体系，不论是企业清洁化生产，还是工业园的生态化改造；不论是资源的生态化利用，还是废弃物的再生化处理，都离不开科技进步和科技创新。因此，大力发展循环经济将对科技资源的整合、科技布局的调整、科技进步的方向、科技创新的重点，都会产生深刻的影响。建设循环经济，一方面可以实现资源的合理配置和有效利用，减少消耗，降低成本，提高地区经济的综合竞争能力。另一方面，可以引导企业加快产品结构调整，积极开发环境友好技术和环境标志产品，扩大国际市场份额，还可以为企业建立和运行环境管理体系，获得进入国际市场的"绿色通行证"奠定重要基础。

（五）发展循环经济是西部地区开启全面建设社会主义现代化国家新征程必由之路

发展循环经济的一个重要内容是不仅要求政府和企业的积极参与，而且更需要社会公众的共同参与。因为社会公众是社会物质资源和产品的直接消费主体和废弃物的排放主体，每一个人都在循环经济和循环社会建设中扮演着角色和承担着责任，这是社会文明与进步的直接反映。因此，循环经济不仅是对传统的生产方式的变革，而且也是对社会公众的生活方式和消费方式的变革。

（六）发展循环经济有利于西部地区生态环境的恢复

我国西部欠发达地区大多地处生态环境脆弱区域。在这样的生态环境条件下若继续采取传统的线型经济模式搞资源大开发，势必进一步加剧对生态的破坏，经济发展必然受到生态环境恶化的约束；只有转变经济增长模式，发展循环经济，才能使生态得到修复，经济发展才能走上遵循生态规律的正确轨道。我国西部欠发达地区虽然资源丰富，开发优势明显，但由于长期实行传统的线型经济发展模式，在经济得到一定发展的同时自然资源也造成了严重消耗和浪费。只有改变以能源的巨大消耗为代价的经济增长方式，大力发展以资源、能源减量化消耗和废弃物排放减量化、再使用、资源化为特征的循环经济，西部欠发达地区宝贵的自然资源和生态环境才能得到有效保护和可持续开发利用，西部地区经济才能得到健康持续的发展。

第三节　西部地区发展循环经济的
基本思路与构架

实施西部大开发战略以来，西部地区社会和经济发展取得重大成就，脱贫攻坚任务如期完成，生态环境持续改善，高质量发展迈出新步伐。从2001年到2010年开始，调整产业结构，加强基础设施、生态环境、科技教育等基础建设，建立和完善市场体制，培育特色产业增长点，使西部地区投资环境初步改善，生态和环境恶化得到初步遏制，经济运行步入良性循环，增长速度达到全国平均增长水平，奠定基础阶段已圆满完成；从2010年到2030年，在前段基础设施改善、结构战略性调整和制度建设成就的基础上，进入西部开发的冲刺阶段，巩固提高基础，培育特色产业，实施经济产业化、市场化、生态化和专业区域布局的全面升级，实现经济增长的跃进。我国西部欠发达地区正在经历着历史上前所未有的发展机遇。党的十八大以来，我国在城市、园区、重点行业和领域开展了多批国家循环经济示范试点。中西部地区依托丰富的磷、煤、锰等资源，大力发展循环经济工业园区，采取材料替代、燃料替代、流程优化、产品循环等举措，持续降低能源消耗强度和废弃物产生强度，促进资源精深加工，废弃物循环利用。同时研究表明，现阶段西部欠发达地区经济社会发展现就呈现出明显的阶段性特征，大多处于社会主义初级阶段的较低层次，经济发展滞后，社会发育迟缓，全国经济社会发展不均衡，这在西部欠发达地区表现得尤为突出。

西部欠发达地区面临着经济发展与生态保护的两难矛盾：一方面，我国广大西部欠发达地区，是我国中部和东部地区重要的生态环境屏障，同时生态环境脆弱，承载能力较低；另一方面，西部欠发达地区又是中国经济比较落后的地区，发展经济的任务十分繁重。西部欠发达地区在推动共同富裕远景目标的进程中，呈现出以地域性非均衡发展为主要表现的多层次性特征，即同处于推动共同富裕阶段上的各地、县、乡之间发展层次是不同的：在同一地区内的不同地方、不同民族间，发展也是不平衡的，既呈现出阶段性发展的不平衡性，又呈现出层次性发展的不平衡性。在这种情况下，如何创新思路，寻求西部欠发达地区经济发展、社会进步和生态环境保护之间的结合点，建立既符合现代市场经济要求、又能实现共同富裕的目标，满足新型工业化道路的要求，将经济发展、社会进步和环境保护三大目标纳入统一的框架，取得三维整合和共赢，是西部欠发达地区推进西部大开发形成新格局的进程中需要深入研究、探索的重大理论及实践问题。

从目前严峻的资源与生态环境形势看，我国西部欠发达地区发展经济必须避免走以生态退化、环境破坏为代价的"先发展、后治理"的老路。在西部欠发达地区经济发展、社会进步和生态环境保护领域贯彻落实科学发展观，必须兼顾速度与质量、效益的关系，认真落实五个"统筹"的发展要义，实现人口、资源和环境协调发展，追求物质文明、精神文明、生态文明相统一，最终实现人民群众生活质量不断提高、社会进步和人民安居乐业。西部欠发达地区在推进社会主义现代化发展进程中，首先必须根据当地实际，适时提出适应当地循环经济发展的思路，并深入研究其构架。归纳总结西部欠发达地区经济发展的历史沿革，深入地把握其发展特征，对我们提出、确定推进当地发展循环经济的思路和构架具有基础性作用。

一、西部地区发展循环经济的思路

根据对影响西部欠发达地区发展循环经济的因素分析可知。脆弱的生态环境、欠完善的经济机制、粗放外延型的经济增长方式、不断增大的人口压力、整体文化素质低的人口特征等复合型因素正阻碍着西部欠发达地区大力发展循环经济。西部欠发达地区大力推进循环经济，必须以科学发展观为指针，按照自然界的生态循环原则，以物质和能量的循环流动为基线，依据要素禀赋结构，发展符合当地比较优势的产业，在产业结构不断优化升级和信息高效利用的过程中促进物质资源的循环利用和能源的梯次利用。同时，要注意协调技术创新与制度创新的良性互动，通过大力推进生态环境建设和构建区域、园区、企业、家庭各个层面的循环经济模式，建立"生态—经济—社会"三维复合循环体系；通过促进人类活动方式和行为模式的生态化转型，使西部欠发达地区人与自然环境的关系更加协调，为西部欠发达地区开创新格局打下坚实的根基。先进的发展观强调经济、社会与生态的协调发展，追求的是人与自然的和谐与统一，其核心思想是，健康的经济发展应建立在生态的可持续发展、社会公正和人民群众积极参与自身全面发展的基础之上。

（一）西部地区创新发展观的必要性

强化举措推进西部大开发形成新格局，是党中央、国务院从全局出发，顺应中国特色社会主义进入新时代、区域协调发展进入新阶段的新要求，统筹国内国际两个大局作出的重大决策部署。

党的十八大以来，在以习近平同志为核心的党中央坚强领导下，西部地区经济社会发展取得重大历史性成就。但同时，西部地区发展不平衡不充分问题依然突出，巩固脱贫攻坚成果的任务依然艰巨，与东部地区发展差距依然较大，维护民族团结、社会稳定、国家安全任务依然繁重，仍然是实现社会主义现代化道路上的短板和薄弱环节。新时代继续做好西部大开发工作，树立创新发展观，对于增强防范和化解各类风险的能力，促进区域协调发展，开启全面建设社会主义现代化国家新征程，具有重要的现实意义和深远的历史意义。

（二）西部地区发展观的创新

创立新的推进循环经济的发展观是西部欠发达地区发展循环经济的基础内容。西部欠发达地区的全面发展必须走可持续发展的道路，这是我国在实践经验中总结出来的。西部欠发达地区经济快速增长的迫切性不可否认，但绝不能走先破坏污染后保护治理的老路。政府、社会、企业、个人等诸多主体需要树立新的发展观及发展思路，使西部欠发达地区的循环经济能够持续快速发展。

1. 创立整体发展观的思路

从现象看，引致西部欠发达地区生态环境恶化的原因是由人的破坏性活动造成的，是随着科学技术的快速发展和生产能力的巨大提高而产生的。但从实质上讲，问题的根源不在于科学技术等因素，而在于运用科学技术等因素的指导思想。可见，探寻西部欠发达地区生态环境恶化的原因，首先应该到传统的发展观中去寻找，传统发展观是一种非理性的发展观，在发展的内涵认识和发展问题的基本观念上存在着一些非理性的思想倾向，使经济增长与经济发展的目标建立在生态环境被破坏的基础上。建立在这种发展观基础上的传统经济发展模式以为，只需要将"经济馅饼"做大，一切问题就会迎刃而解。在这种发展观的支配下经济增长中的负面效应被放大了，企业在生产产品的同时，边生产边污染，造成生态环境失衡。

在这种发展观的指导下，科学技术、各种生产实践，乃至整个社会，势必显现为一种畸形的发展态势。这种发展观最为显著的一个特点就是：缺乏前瞻性，是一种低层次、忽略了可持续性的开发式生产。这种开发式生产，只知道索取，而不考虑促进自然资源再生，是单纯的对自然界的强行掠夺。对自然资源的破坏性开发利用，必然引起生态破坏、环境污染、资源浪费、经济发展不平衡。可以看到，这种发展观既造成了代与代之间的不公平，也造成了同代人之间的不平衡。改变传统的发展观，创立新的整体发展观是西部欠发达地区走可持续发展的循环经济道路的必然选择。

2. 创立协调发展观的思路

西部欠发达地区可持续发展战略是一项宏伟的区域战略，跨世纪的系统工程，需要长期不懈的努力。既要充分认识西部欠发达地区可持续发展战略的重大意义，树立紧迫感，也要尊重客观规律，实事求是，创立协调发展观的思路。

首先，在观念层面上，应通过多种途径，大力加强干部群众的西部欠发达地区协调发展观的教育，要促使人们了解西部欠发达地区协调发展的意义，明确其正确地位，进而在发展意识上能将各地区的利益结合起来，将局部利益同全区、全国利益结合起来，将经济效益、社会效益和生态效益结合起来。要实现以经济效益为中心到经济效益、生态效益和社会效益协调发展的转变。其次，需要认识到西部欠发达地区整体自然条件差，交通不便，文化教育落后，经济基础薄弱，需要国家投入大量的人、财、物力，但当地发展经济绝不是简单的"靠项目发展"，当务之急是转变发展观念，克服依赖思想，改革不适应的体制和建立一个启动内部发展的良性机制。

3. 创立可持续发展观的思路

改变传统的发展观，创立新的可持续发展观是西部欠发达地区发展循环经济的必然选择。西部欠发达地区可持续发展战略需要在搞好统一规划的前提下分阶段逐步推进，大体设想可分为四个阶段：第一阶段的前十年主要是实施各项重大基础设施工程建设，增强可持续发展能力和综合经济实力，遏制地区经济差距的扩大，生态环境的改善和自然资源的再生开始趋向良性循环，为今后进一步发展打基础。在作为第二阶段的第二个十年，要继续完善实施各项重大工程建设，增强可持续发展能力和提升综合经济实力，切实遏制地区经济差距的扩大，生态环境的改善和自然资源的再生趋向良性循环，并趋于稳定，为今后进一步发展奠定坚实基础。作为第三阶段的第三个十年是推进西部欠发达地区可持续发展战略的高潮，主要是依靠科技进步、产业升级、自身的经济增长动力和外部推力取得经济社会的高速发展，生态环境质量明显改善。在第四阶段，再经过二十年、三十年的努力，使西部欠发达地区的经济社会发展接近或达到全国的平均水平，实现全国的相对均衡发展和人口、资源、环境与经济社会的协调发展。可见，创立可持续发展观是西部欠发达地区实施可持续发展战略必不可少的重要一环。

4. 创立群众发展观的思路

群众创造历史，这是一条亘古不变的真理。东西部发展差距以及西部地区内部区域间发展差距固然表现在物质经济基础和地理位置、硬件设施等发展条件上，但更突出地表现在发展观、智力成果、科技及经营管理水平等人为的因素上。因此，西部欠发达地区发展循环经济，必须从以物质经济基础等为中心转向以依靠群众为中心。作为西部经济欠发达地区，要想加快发展，只有更新观念，遵循"源泉在民力、活力在民营、希望在民间"的路子，积极运用民众的力量、民营的办法、民间的资金来发展工商业，实现地方经济的振兴。发展循环经济的主体依靠力量决定了我们必须全面发动群众、依靠群众，充分发挥群众在实施西部欠发达地区发展循环经济进程中的主力军作用。在创立整体发展观、协调发展观、可持续发展观、群众发展观的前提下，西部欠发达地区在具体实施可持续发展战略时应大力引入和推广发展循环经济的先进理念，创新发展循环经济的实践模式。

（三）西部地区发展循环经济的整体思路

西部欠发达地区发展循环经济，必须高举中国特色社会主义伟大旗帜，坚持西部大开发战略措施，深入贯彻落实科学发展观，进一步解放思想、开拓创新，进一步加大投入、强化支持，以增强自我发展能力为主线，以改善民生为核心，以科技进步和人才开发为支撑，更加注重基础设施建设，着力提升发展保障能力；更加注重生态建设和环境保护，着力建设美好家园和国家生态安全屏障；更加注重经济结构调整和自主创新，着力推进特色优势产业发展；更加注重社会事业发展，着力促进基本公共服务均等化和民生改善；更加注重优化区域布局，着力培育新的经济增长点；更加注重体制机制创新，着力扩大对内对外开放，推动西部地区经济又好又快发展和社会和谐稳定，努力实现社会主义现代化。以坚持科学发展观为指导，以优化资源利用方式为核心，以提高资源生产率和降低废弃物排放为目标，以经济结构调整为主线，以技术创新和制度创新为动力。坚持以西部欠发达地区经济社会可持续发展为根本目的，实现人与自然和谐统一；坚持走有当地特色的新型工业化道路，形成有利于资源节约、环境友好的生产方式和消费模式；坚持推进结构调整，依靠科技进步和强化管理，提高资源利用效率；

坚持发挥市场机制作用与政府宏观调控相结合，依法管理与政策激励相结合，政府推动与全社会参与相结合，努力形成促进西部欠发达地区循环经济发展的政策体系和社会氛围。

1. 坚持减量化、再使用、资源化并重

在经济发展和社会建设过程中，坚持生产环节与消费环节并重，努力减少资源消耗，提高资源利用效率。通过结构调整与产业结构升级，优先实施资源使用和废物产生的减量化，不断促进废弃物循环回用和再生利用，提高资源利用效率和生态效益。

2. 坚持技术创新与制度创新并行

既重视科技创新，降低生产成本，又重视制度创新，降低交易成本。加快科技创新步伐，充分发挥"科技是第一生产力""人才资源是第一资源"的先导作用；加快制度创新步伐，加大对循环经济的支持力度，理顺价格机制，利用价格杠杆促进循环经济发展，制定支持循环经济发展的财税、金融和收费政策。

3. 坚持全面部署与典型示范并进

既要"心中有全局"，又要"手中有典型"。在我国西部欠发达地区选择示范点，抓住关键，培植典型，以点带面，使循环经济尽快在重点领域实现突破，加以推广，实现企业、园区、社会三个层面循环经济的互动发展。在西部欠发达地区发展循环经济是一个庞大的系统工程，需要各方面、各层次的共同努力和长期奋斗，结合当地实际，我们认为有必要在以下六个方面进行重点突破。

（1）按照循环经济理念，优化产业空间布局。各地区要按照循环经济理念，统筹布局产业带、园区、产业机理的具体方位，从大空间上构筑相互循环、上下链接的布局体系。循环经济理念指导经济技术开发区、工业园区等建设。以土地调控为主要手段，充分考虑企业之间的关联度，引导上下游产品的依次落地，形成资源循环利用的产业链。对入园企业提出土地、能源、水资源利用及污染物排放综合控制要求，建设集中供热和废弃物集中处置中心。

（2）改造提升传统产业，将其纳入循环经济轨道。对符合国家产业政策、市场前景好的传统产业，按照循环经济的要求进行生态化改造，构建内部结构合理、资源有效互补的产业体系。对招商引资项目、入驻开发区或工业园区的企业，尽可能采用国内外先进的生产、环保技术，以循环经济理念指导项目的设计、建设、生产全过程。

（3）建设固体废弃物综合利用基地。引导企业利用固体废弃物再生技术以及检测分析技术，重点对废旧塑编产品、废旧钢材、废旧轮胎、生活垃圾、冶炼废渣等进行再资源化利用。研制开发城市垃圾（弃土）无害化、资源化、消纳化处理技术及成套装备，利用城市生活垃圾（弃土）生产环保型烧结多孔砖和空心砌块。综合利用冶炼废渣，回收氧化锌、电解铟、电解镉、海绵铜、铅银砂等。

（4）积极建设生态农业基地。大力推广农业废弃物（农作物秸秆、畜禽粪便等）的资源利用技术。建设以沼气为纽带的农村新能源工程。以沼气发酵为核心技术，因地制宜，推行"生态型""能源环保型"和"环保型"等工程模式，处理规模畜禽养殖场粪便污水。西部经济欠发达地区农村重点推广"猪—沼—作物"和"猪—沼—果（茶）"生态模式。利用生物发酵畜禽粪便技术，生产商品有机肥。加快机械化进程，推行秸秆直接还田。实施秸秆资源利用（如作为蘑菇培养基、沼化后的沼渣），实现秸秆间接还田。

（5）优化能源结构，大力发展新型能源，开发利用可再生能源。鼓励发展风力发电，发展环保热电联产。积极推进国家确定的重点工程，抓好重点耗能行业和企业节能，推动新建住宅和公共建设工程节能，引导公共、商业和民用节能。

（6）大力提高资源利用效率。提高已利用资源的利用效率。重点是加强土地、水、森林资源的综合利用和电力、化工、不锈钢等行业的能源、原材料消耗管理，努力提高资源的产出效益。强化节约和集约利用土地、进一步强化建设项目用地控制指标管理，合理确定建设项目供地数量，建立土地出让合同履约管理机制，加强对建设项目用地供应后开发利用各环节的监督检查。开展城市土地整顿，按照土地利用总体规划和城市规划的要求，加大城市内闲置土地的清理和处置力度，建立用地退出机制，腾出土地利用空间。提高工业用地产出率。

二、西部地区循环经济与生态环境建设的互动模式

我国西部欠发达地区社会发展之所以较落后，最主要的原因在于高山大川、恶劣气候所造成的交通落后和信息封闭等导致的社会封闭性。这类因素长期阻碍了国家内外、民族内外和地区内外的沟通与交流，使各族人民的生产力和创造力未能得到充分发挥。从历史因素看，我国西部欠发达地区经济发展的起点一般较低，在新中国成立初期不仅经济发展十分落后，社会发展也极端落后，与沿海地区发展水平相差甚远。发展起点低下，在很大程度上制约了该地区经济发展和社会发展的进程。"一般经济理论认为，仍处于前工业社会的国家或地区，很难像工业国家或地区一样，实现总产值的高增长率和人口平均产值的高增长率。其主要原因是初期的人均产值水平太低及增长率过低而引起的起步过程的持续停滞。"[①]

学者诺斯（North.D.C）认为，在制度变迁中同样存在着收益递增和自我强化的机制。这种机制使制度变迁，一旦选择了某种路径，就意味着将长时期地锁定在这一路径上，即使在路径以外存在其他更有效的路径，因为存在转换成本，要想改变路径也绝非容易的事。西部欠发达地区以社会经济体制落后、人口素质低、市场经济体制建设进程缓慢、信息不畅、观念落后等为特征形成了特有的低水平发展路径，要成功实施循环经济发展战略，必须找到并推行一种经济效益好、交易成本（转换成本）低的经济发展模式。

（一）西部欠发达地区的社会发展成本

社会发展成本是指由于资源资产、生态环境实际或潜在恶化造成社会发展所应付出的相应成本。它可以从成本形成的空间或时间上来理解，即人类关心的是缓解一定时期内某一国家经济活动的直接环境影响所需要的花费。社会发展成本由于关注的角度上的差异，而形成了两个概念，即引致成本和负担成本。引致成本是指由于经济单位自己的活动实际上或潜在地引起环境恶化的相关成本，负担成本是指由于环境恶化，需由经济单位独自负担的那部分成本。

---

① [美]西蒙·库兹涅茨. 各国的经济增长[M]. 常勋，译. 北京：商务印书馆，1999.

我们应深入认识西部欠发达地区的社会发展成本问题。

（1）该地区的社会发展成本有其本身的历史必然性。环境的破坏和衰减都是一种缓慢的积累过程。我们今天面对的西部欠发达地区是人类几千年活动，特别是以粗放式经济增长模式推进工业化过程累积的后果。

（2）该地区的社会发展成本与地区所处的发展阶段密切相关。

（3）西部欠发达地区的社会发展成本与地区各自情况有关。各个地区的人口密度、自然环境、资源禀赋、产业结构和消费结构都不同，面对的环境和可持续发展问题也不同。

西部欠发达地区的生态退化问题不仅比其他地区表现得更为严重，如森林覆盖率提高慢，水土流失严重，土地沙化逐年扩大，生态脆弱，生物多样性减少等，而且经济社会发展的状况和条件也相对较差，因此该地区推进循环经济发展可能要付出更大的社会发展成本。这里，再一次表明要成功实施循环经济发展战略，必须找到并推行一种经济、社会、生态效益好，交易成本（转换成本）低的经济发展模式。

（二）环境库兹涅茨曲线

从18世纪产业革命以来，人类与自然的关系发生了根本改变。人类在创造和享受极大物质财富的同时，也尝到了环境污染和破坏的恶果。1955年，经济学家西蒙·库兹涅茨提出，在经济发展过程中，收入差距先拉大再缩小，人均收入与收入不公之间呈倒"U"形曲线关系，后人将这种反映人均收入与收入分配之间相关关系的曲线称为库兹涅茨曲线。1990年，美国经济学家格鲁斯曼和克鲁格在对66个国家的14种空气污染（空气污染物：1979—1990年）和水污染物质（水污染：1977—1988年）的变动情况进行研究后发现，环境质量与经济增长之间也存在着倒"U"形关系，即污染程度随人均国民收入增长先增长而后下降，其峰值大约位于中等收入阶段。于是，他们在1995年发表的一篇文章中提出了被称为"环境库兹涅茨曲线"（EKC）的假说，认为在一国或地区的发展过程中，特别是在工业化过程中，环境质量存在先恶化后改善的情况，如图3-1所示。

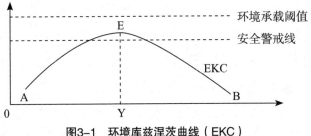

图3-1　环境库兹涅茨曲线（EKC）

随着经济发展进程加快，尤其是大规模的工业运动加快了资源消耗速率，增加了废弃物排放量，使用较低效率和较大污染的三产技术，强调物质产出，忽视或完全不顾经济成长的环境后果，这些都导致了环境污染的加剧，并最终超过安全警戒线，直至图中高峰点E。其后，随着经济进一步发展，人均国民收入增加，人对舒适环境的需求增加，环境意识提高，转而使用较清洁的生产技术，同时技术进步和雄厚的经济实力使得人们有能力进行更彻底的环境保护活动，这些都将导致环境污染的减少，环境改善随之出现，进而走上环境与经济协调发展的道路。然而，环境容量（即环境容纳污染物的数量）[①]是有限的，正是环境容量的有限性导致其成为稀缺性的"资源"，并决定了存在一个环境承载阈值。

环境承载阈值是指在某一时期某种状态条件下，某地区的环境所能承受的人类综合活动的阈值。当环境净化功能难以承载人类生产、生活排放污染物的需要的问题特别严重时，大量超过环境容量的污染会积累在环境中，一旦超过了承载阈值，不可逆的环境退化最终将引起生态环境系统的崩溃。值得注意的是，环境承载阈值将随着污染和破坏的不断扩大而降低。人类经济系统从自然生态系统输入大量的资源（其中有许多是不可再生的自然资源），并向自然生态系统输出大量废弃物，使得有利用价值的资源急剧减少，而人类经济系统输入输出结构的巨大差异，导致自然生态系统结构的破坏，使系统自我调节能力降低，进而降低了承载阈值。

（三）循环经济建设与生态环境建设

地区要获得发展，或者要有自然资源的优势，或者要具有资本、人才、

---

① 吕忠梅，刘长兴．试论环境合同制度[J]．现代法学，2003（3），102-110．

技术、品牌等后天资源，而且后者对前者有巨大的作用。根据分析可知，西部欠发达地区既没有物资资本、人力资本等优势，且传统经济发展模式也正在使该地区的先天自然资源优势不断下降，具体表现就是生态不断脆弱化。显然西部欠发达地区的经济发展面临着严峻的挑战。

目前，国家在该地区大力推进生态环境建设，虽然对于生态环境恶化的遏制具有重要意义，但如果经济发展跟不上，传统经济模式不能得到根本改变，生态环境即使暂时恢复也还会再一次遭到破坏。所以西部欠发达地区必须创新发展战略，必须研究新的发展理论模型。

循环经济建设与生态环境建设具有高度的相关性，两者都是通过改善人类生活模式来影响自然环境状况，使人与自然之间更加和谐。西部欠发达地区的经济社会发展是一项复杂的、在特殊区域实施可持续发展的系统工程，涉及到区域层面的经济发展、社会进步、生态重建等各个领域。该地区实施可持续发展的目的是促进区域内人与自然的和谐发展。

因此在经济活动中一定坚持科学发展观，坚持以人为本，以发展经济和生态重建并重为核心，以提高人民生活质量为根本出发点，以体制改革和创新为突破口，全面推进经济、社会与生态的持续协调发展，充分发挥市场在资源配置中的基础性作用，促进经济增长方式的转变，走出一条节约资源、保护环境的经济增长之路。构建西部欠发达地区循环经济建设与生态环境建设互动模型的总体思路包括以下方面。

（1）经济社会实现可持续发展的重要保障是拥有良好的生态环境和实现自然资源的永续利用。自然资源的永续利用是经济社会实现可持续发展的物质基础。必须要保护好人类赖以生存与发展的自然资源和生态环境。为实现自然资源的可持续利用，要加强和完善利用自然资源的综合决策机制和管理机制，其主要内容是通过建立完善的法规、政策体系、综合决策和协调管理机制，切实推行生态环境建设，使自然资源可持续利用得到贯彻落实。

更重要的是要把生态环境建设与产业发展、经济建设融为一体，实现生态建设产业化，产业发展生态化。具体来说，就是要依据西部欠发达地区的要素禀赋结构的特征，充分发挥比较优势，利用该地区巨大的生态资源优势，依靠高科技和实用技术的有力支撑，加大其不可替代的生物资源的开发和利用，使之形成特色产业。

依托生态环境建设作为产业来发展，不仅是为了恢复该地区生态环境，实质上是要把产业发展理论融入到生态环境建设中。这既可以保护和恢复生态环境，也可以增加当地人民的收入，使当地经济得到持续稳定的发展。对于西部欠发达地区，在发展经济过程中应该通过循环经济建设来促进产业结构的生态化升级，同时通过生态环境建设产业化带来的经济效益、社会效益、生态效益与产业结构的生态化转型形成互动协调发展机制，稳步建立循环经济建设与生态环境建设互动式发展的长效机制。

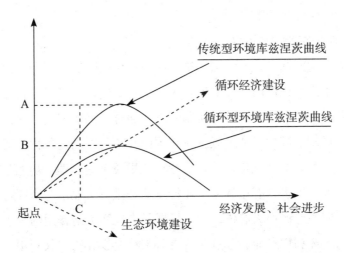

图3-2 循环经济建设与生态环境建设互动式发展模式概念图

如图3-2所示，我们看到传统型环境库兹涅茨曲线在循环经济建设与生态环境建设互动式发展的不断深化进程中，发生了两大显著变化，一是形状的改变，变得较平坦、光滑，也就是说，经济发展和社会进步很快，而该进程中对自然环境的影响变化不大；二是曲线本身在改变形状后又发生向下的位移，可以理解为在经济发展和社会进步的不同阶段对应的自然环境影响的显著减少。

显然，通过加大循环经济建设和生态环境建设，二者互动式协调发展形成的推拉合力使传统型环境库兹涅茨曲线转变为循环型环境库兹涅茨曲线，这也是大力推行循环经济建设与生态环境建设互动式发展战略的必然变化趋势，而西部欠发达地区经济社会发展的核心就是循环经济建设与生态环境建设的互动式发展战略与实施机制的建立。我们认为，该地区推行循环经济建设与生态环境建设互动式发展战略是依据该地区的资源禀赋结构，实现产业结构、消费结构、人类活动模式生态化转型的具体方略。

同时，要认识到西部欠发达地区要提高人民生活水平，必须把发展放在首位。我们认为，对于该地区而言，在搞好生态环境建设的同时，必须在经济发展模式方面加大调整力度，加大对循环经济建设与生态环境建设互动式发展体系的建设。大力发展培育新的经济增长点，尤其要抓好循环型工业体系、循环型农业体系、循环型服务业体系、"静脉"产业体系、区域循环型产业体系的整合等几个主要方面。

1. 构建循环型工业体系

以产品结构的绿色化为核心，推动制造业优化升级。以具有比较优势的主导产品为重点，以产品生命周期全过程的资源使用和环境影响最小化为原则，大力开展产品的生态设计与研制开发，通过产品的绿色升级换代，突破绿色壁垒，提升西部欠发达地区工业在国内外市场上的竞争力。运用经济手段，引导产业关联的生态化转向，培育构筑规模布局合理、功能互补的生态工业园区体系，推进具有循环型工业特点的零排放工业示范园区建设；以冶金、建材、能源等产业为载体，大力发展具有废物吸纳作用的环境无害化、资源再生与循环利用产业，重点扶持有益于社会废弃物回收利用的非竞争性产业建设，改善提升工业系统的生态功能。

依靠科技进步，提高工业生产的资源利用效率。加快建立以企业为主体，产、学、研紧密结合的技术创新体系。重点研究和开发生态工程技术、生物技术、纳米技术，提升工业的科技原创性能力；大力扶持技术应用扩散和信息平台建设，促进科技成果的有效转化；着力研制开发清洁生产技术、清洁能源与可再生能源技术、节能节水技术、无废少废工艺、废物再生循环利用技术以及先进的管理技术，提高技术进步对发展循环型工业的贡献率。

点面结合，重点突破。开展循环型工业示范区建设，大力发挥区域层次示范的综合效应，联动腹地，辐射周边。选择一批基础较好、有条件的城市、工业园区和企业，建设一批循环型工业基础设施，集中实施一批重点项目。

2. 构建循环型农业体系

加大农业产业结构调整的力度，促进农业向无害化方向发展。循环农业建设的重要目标之一是农业生产过程对生态环境和人体健康的无害化，采用环境友好型技术，按照无害化要求组织生产，引导农业产业结构向无害化方向调整。

结合产业结构调整，实现投入品的减量化。围绕投入品的生态化、无害化目标，加速投入品的减量与替代。实施化肥的减量与精量使用，用生物农药替代化学农药，以高效无害化配方饲料降低"畜产公害"，以可降解农用薄膜替代不可降解的塑料薄膜。

推广农业清洁生产模式，提高资源利用效率。推广清洁生产有利于提高资源利用效率，对于实现循环农业建设目标意义重大。

促进农业产业化经营，实现农业生产的区域循环。循环农业既涉及种植业和养殖业，又涉及农产品加工业等多个领域。循环农业的重中之重应是加快农业生产经营及废弃物利用的专业化和规模化，促进企业间循环和区域间循环，加强农业生产过程中资源的循环利用，逐步减低农业的各类污染。废弃物是目前农业生产加工中最大的污染源之一，废弃物的利用虽然取得了一定的进展，但还有很多废弃物未能利用或有效利用，远未达到循环农业建设的要求。

3. 构建循环型服务业体系

构建循环型服务业体系，构建资源共享平台，提升第三产业整体竞争力。构筑企业网务、电子政务、远程教育、电子商务、数字城市等信息平台，增强循环型信息资源对于物质资源的替代功能。整合现有物流资源，积极发展生态物流技术体系，推进发展生态物流产业。通过电话银行、网上银行、自助终端等多种形式，积极发展电子银行这一高效、便捷的现代化金融服务体系。

开展第三产业清洁生产，提高服务业环境管理水平。建立符合第三产业发展的清洁生产体系和绿色认证体系。积极配合旅游战略的实施，整合旅游资源，通过产品创新及提升配套能力和服务水平，推进旅游区生态环境建设。在生产、流通企业，选用各类符合国家标准的可降解的环保型替代产品，积极推行可降解塑料袋或纸袋，生产销售绿色食品，建立绿色产品的原料生产基地，推行包装绿色化。

不断创新机制，做大、做强环境服务产业。通过机制创新、市场创新、技术创新，大力发展环保产业服务体系，并坚持社会化、企业化、市场化、产业化的原则，打破环保产业服务领域的垄断经营，放宽市场准入门槛，引进竞争机制，鼓励服务企业优化产业结构，并推动建立以资金融通、工程建设、设施运营和技术咨询、信息服务、人才培训等为主要内容的环境服务体系，提高环境服务业在环保产业中的比重。

4. 区域循环型产业体系的整合

在区域层面上推行循环型产业发展模式，要制定促进区域循环型产业体系形成的法规制度。借鉴发达国家在区域及社会层面发展循环经济的经验，加快制定适宜本地发展区域循环型产业体系的法规，通过法规对发展循环经济以必要规制，做到有章可循、有法可依。在区域循环型产业体系的建设中，继续探索新的循环型产业实践模式。政府有关部门特别是环保部门要认真转变职能，为发展循环经济做好指导和服务工作。充分发挥市场机制在推进区域循环型产业体系构建中的作用，以经济利益为纽带使循环经济具体实践模式中的各个主体形成互补互动、共生共利的关系。

三、西部地区发展循环经济的构架

（一）制定发展循环经济的战略目标和总体规划

循环经济的发展是关系到我国西部欠发达地区发展的大事，研究制定发展循环经济的战略目标和总体规划，将提高资源利用效率、减少资源消耗量和污染产生量纳入区域发展的战略目标，由区域高度统筹规划循环经济的总体发展框架和战略，制定循环经济的推行与实施方案和计划，从根本上创造实施循环经济的动力机制是非常重要的。循环经济的发展需要制度创新和技术创新，其各个方面的研究都应该纳入地区的发展规划。

（二）构建循环经济制度体系

循环经济要实现环境资源的有效配置，需要建立一套绿色与制度体系。该体系可以归结为三个方面：①绿色制度环境，包括绿色资源制度、绿色产权制度、绿色市场制度、绿色产业制度、绿色技术制度等；②绿色规范制度，包括绿色生产制度、绿色消费制度、绿色贸易制度、绿色包装制度；绿色回收制度等；③绿色激励制度，包括绿色财政制度、绿色金融制度、绿色税收制度、绿色投资制度等。[①]

具体地说，可借鉴德国、日本等国的经验，着手制定绿色消费、资源循环再生利用以及家用电器、建筑材料、包装物行业在资源回收利用方面的法律法规，建立健全各类废物回收制度，明确工业废物和产品包装物由生产企业负责回收，建筑废物由建设和施工单位负责回收，生活垃圾回收主要是政府的责任，排放垃圾的居民和单位要适当缴纳一些费用，制定充分利用废物资源的经济政策，在税收和投资等环节对废物回收采取经济激励措施。

（三）构建绿色国民经济核算体系

在国民经济核算体系中，要改变过去重经济指标、忽视环境效益的评价方法，开展绿色国民经济核算，并纳入国家统计体系和干部考核体系。目前，应重点开展环境污染和生态损失及环境保护效益计量方法和技术的研究工作，并进行统计和核算试点。

（四）构建循环经济产业体系

在产业结构调整中，要以提高资源利用效率为目标，降低单位产值污染物排放强度，优化产业结构，继续淘汰和关闭浪费资源、污染环境的落后工艺、设备和企业，用清洁生产技术改造能耗高、污染重的传统产业，大力发展节能、降耗、减污的高新技术产业。在农业经济结构调整中，要大力发展生态农业和有机农业。建立有机食品和绿色食品基地，大幅度降低农药、化肥使用量。

（五）构建循环经济的绿色技术支撑体系

应着重于从我国的社会、经济现状和发展需求出发，辨识已经或正在成为制约社会和经济发展瓶颈的资源和环境问题，提出应加以重点研究开发的关键技术，进一步理清、辨识和开发支持生产模式和消费模式转变的关键

---

① 王金南. 发展循环经济是21世纪环境保护的战略选择[J]. 中国发展，2002（2），
12-15.

技术。以发展高新技术为基础，开发和建立包括环境工程技术、废物资源化技术、清洁生产技术等在内的"绿色技术"体系。通过采用和推广无害或低害新工艺、新技术，降低原材料和能源的消耗，实现投入少、产出高、污染低，尽可能把污染排放和环境损害消除在生产过程之中。

（六）构建绿色消费体系

绿色消费是循环经济发展的内在动力。通过广泛的宣传教育活动，提高公众的环境保护意识和绿色消费意识。各级政府要积极引导绿色消费，优先采购经过生态设计或通过环境标志认证的产品，鼓励节约使用和重复利用办公用品，要逐步制定鼓励绿色消费的经济政策。

（七）构建循环经济管理体系

在发展循环经济方面，政府既负有引导责任，还负有制定各种经济激励措施，给予资金和政策支持的责任。这些又应通过构建适合西部欠发达地区情况的循环经济管理体系来实现。循环经济管理体系强调经济与生态的平衡与可持续发展，意味着一种管理模式的变化，即从传统的线性管理转向非线性管理（又称循环经济模式）。这种管理体系非常强调整体性和系统性，要求生态系统内各组成部分之间相互联系、相互依存、互利共生，谋求社会经济系统和自然生态系统协调、稳定和持续的发展。

从总体上看，西部欠发达地区的循环经济建设与生态环境建设是一个集自然、技术、社会为一体的复合过程。应该认识到协调西部欠发达地区的循环经济建设和生态环境建设，改善该地区的生态环境系统，增强该地区的可持续发展能力关系到加快形成西部大开发新格局，推动西部地区高质量发展。形成以振兴西部欠发达地区经济为基础，以循环经济建设与生态环境建设互动推进为核心，以经济振兴与发展促进生态环境重建，以治理保护生态环境保障经济发展，实现资源合理有序开发的良性循环是该地区真正意义上走可持续发展道路的坚实根基。西部欠发达地区的生态环境建设必须和发展循环经济相结合，要在发展中建设，建设中发展，它们之间是相互依存、相互促进的关系。

历史发展的经验说明，只有生态效益没有经济效益、社会效益的生态环境建设和只有长期利益、没有短期利益的建设模式都很难推广运行。同样我们认为，只有生态效益没有经济效益、社会效益的循环、经济建设和只有长期利益、没有短期利益的循环经济建设模式都很难持久推广运用。西部大开发战略是一个大系统工程，同该地区的人口问题、资源问题、工业问题、"三农"问题、资源资本化等诸多问题从各个角度都直接或间接相关，应该认识到不可能仅靠单一项目、单一工程、单一方面、单一区域的建设和发展就能取得进展，而要有全面的、综合的、系统的发展与建设方案，才能取得好的成效。西部欠发达地区全面发展要顺利进行，需要得到政府、社会、企业、个人等诸多方面的支持和协助。除了要在认识上统一思想、步骤上配合、行动上协调、措施上配套外，还要运用行政的、法律的、经济的等各种手段和措施，以循环经济建设带动生态环境建设，以生态环境建设促进循环经济建设，建立循环经济建设与生态环境建设互动式发展的长效机制，使西部欠发达地区的社会生产力得到长足发展，真正意义上实现全方位的可持续发展。

第四章　构建低碳农业，促进可持续发展

农业是国民经济基础产业，农业生产活动直接作用于自然环境，伴随着化学农业、石油农业、机械农业的发展，农业能源消费迅速增长，农业已成为重要的温室气体来源。农业作为与自然生态环境互动程度最高的产业，在发展过程中不仅受到全球气候日益变暖所带来的影响，也会通过温室气体排放对全球气候的整体状况产生影响。农业生产部门受到来自全球气候变暖的影响主要表现在：随着全球气温的不断上升，用于农业生产的水资源日益短缺；干旱、台风、洪涝、冰雹等极端天气频现；随之而来的是草原退化、森林消失、水土流失问题日益严峻，土地荒漠化和石漠化面积不断扩大，农作物病虫害频繁发生，农业发展环境日益脆弱，而这些影响直接体现为目前全球粮食安全问题越来越突出。

农业生产部门在发展过程中对全球气候状况的影响表现在正向和反向两个方面。一方面，农业是重要的碳源部门，农业生产领域排放的温室气体在很大程度上加剧了全球气候变暖趋势。在农业生产过程中，生产投入品使用、耕作、养殖和废弃物处理等生产环节都会产生温室气体，从而使农业成为全球温室气体的重要排放产业。随着科学技术的发展，机械农业、化学农业和石油农业在世界农业生产中的比重越来越大，这些以"高耗能、高排放、高污染"为特征的农业发展模式增加了农业生产过程中温室气体的排放总量。相关数据显示，约17%的全球温室气体是由农业活动直接造成的。

在欧美发达国家，由于农业经济较为发达，农业科技水平较高，农业温室气体排放呈现出总量下降趋势。而在发展中国家，由于农业发展水平较低，农业科技水平和机械化水平较低，人力和畜力使用程度较高，施用农药、化肥的强度高，农业温室气体排放量仍在不断增加，控制农业温室气

体排放面临着严峻挑战。就我国农业生产而言，农业温室气体排放量为8.3亿吨二氧化碳当量，占全国温室气体排放总量的7%~8%。如果加上农业生产、农村生活用能，农业农村温室气体排放量占全国温室气体排放总量的15%左右。

此外，在农业生产过程中还存在三条重要的间接排碳途径：化肥、农用薄膜、农药等农业投入品的碳排放。在农业生产过程中，氮肥的过量使用不仅没有提高氮肥的吸收利用率，而且过多的氮肥释放到环境中，造成了土壤和大气污染；氮肥的生产也带来了巨大的能源浪费，中国70%的氮肥生产以消耗煤炭为主，年均消耗能源约为1亿吨标准煤，而且正以每年接近1000万吨标准煤的速度增长。在能源开采和氮肥加工过程中排放的温室气体总量相当于3亿吨二氧化碳当量，约占全国温室气体排放总量的5.5%。[①]化肥、农用薄膜和农药的过量使用，不仅没有达到大幅度提高农产品产量的预期效果，而且使农产品质量失去了安全保障，也对农业生产基础和环境造成了严重破坏，阻碍着农业生产的可持续发展。另外，农业生产时的农业机械、运输工具以及农产品加工和流通过程中，也会消耗大量资源，排放大量温室气体。

另一方面，农业是重要的碳汇来源。从大农业的角度讲，农业是与自然生态系统有着天然联系的部门，具有较强的碳汇能力。农业的碳汇能力具体是指农业系统通过耕地资源、林业资源、草地和湿地资源等，具有吸收并储存二氧化碳等温室气体的能力。学术界和实际工作部门也意识到了农业部门在全球碳循环系统中的重要地位，高度关注农业生产在节能、减排、固碳等方面所发挥的作用；近年来，为减少温室气体排放，进一步减缓全球气候变化趋势，很多国家都在努力通过各种技术推动农业生产低碳化，实现减少碳源和增加碳汇的目标。美国、欧盟、国际粮农组织等正在加紧开发用以支撑低碳农业发展的技术体系，研究农业减碳与固碳途径；在农业生产过程中，采用低碳技术减少温室气体排放缓解全球气候变暖趋势，同时将碳保留在土

---

① 新能源与低碳行动课题组．低碳经济与农业发展思考[M]．北京：中国时代经济出版社，2011：12．

壤中，增加地力以保证农业生产需要；加强评估国家农业减碳固碳能力与效益，以争取最大经济效益、社会效益和环境效益。[①]在此背景下，低碳农业应运而生。

我国西部地区不仅是国民经济发展的重要资源储备区，也是国家生态安全的重要保障区。在西部地区，农业发展仍然占据重要位置，推动西部地区农业低碳化不仅对国家的粮食安全和国民经济总体发展具有重要现实意义，对我国环境保护和生态建设，乃至全球气候保护和生态安全都具有重要的战略意义。

第一节　低碳农业的内涵

一、低碳农业的概念

农业有狭义农业和广义农业之分。狭义农业是指种植业或农业作物栽培业；广义农业包括种三业（粮食作物、经济作物、饲料作物和绿肥等农作物的生产）、林业（林木的培育和采伐）、牧业（经济动物的饲养和繁殖）、渔业（水生动植物的采集、捕捞和养殖）。在本文中，低碳农业的研究范围界定在广义农业。

低碳农业是指为维护生态环境安全、改善全球气候条件，在生产过程中推广节能减排技术、固碳技术、开发生物质能源和可再生能源，旨在减少各种资源的消耗和碳排放，减少二氧化碳等温室气体排放，减少环境污染，从而获得最大化的经济效益、社会效益和生态效益的一种农业经济发展模式。

低碳农业是低碳经济在农业生产领域的实现形式，是应对当前气候变化，缓解资源能源约束，实现农业可持续发展的农业经济发展模式。它具有"四低四高"的特征：低能耗、低物耗、低排放、低污染；高效能、高效率、高效益、高碳汇。低碳农业通过采用先进技术，提高能源和资源的利用

---

① 李晓燕.低碳农业发展研究——以四川为例[M].北京：经济科学出版社，2010：17.

效率，减少环境污染物排放，在减少对自然资源破坏、改善生态环境的同时，缓解能源资源匮乏的制约，有效保护生态环境、维护农业生态系统平衡，提高农产品质量，确保农产品安全，增加农民收入，推动农村经济稳步发展。与传统农业相比，低碳农业具有节约性、环保性、安全性、高效性、和谐性等明显优势，代表着农业生产未来的发展方向。

在自然界的碳循环过程中，农业生态系统具有碳汇和碳源两种作用。森林生态系统、草地生态系统和耕地生态系统能够固定大气中的碳，以此降低大气中温室气体浓度、减缓全球气候变暖，这就发挥了碳汇作用。同时，在农业生产过程中，农业机械、化肥、农药的使用，以及农产品加工过程粗放发展模式的采用都会产生大量温室气体，这就使农业生产部门充当了碳源角色。在全球碳循环体系中，低碳城市、低碳生活、低碳交通、低碳消费等名词都是从低碳源的角度进行命名，农业既是碳汇又是碳源，因而这种旨在实现低碳源和高碳汇的农业发展模式被称为低碳农业。

二、低碳农业的特征

（一）低碳农业是低排、少取、循环的农业

低碳农业要求在农业生产过程中，以能源消耗最少、排放最少，最终达到循环利用目的农业生产方式。高碳农业是对农业生产废弃物没有合理充分利用，对农业生产资料造成很大的破坏和浪费的农业生产方式。

（二）低碳农业是一种高效农业

低碳农业不仅追求低碳，更追求高效，低碳农业是开发新技术，推广应用新成果，提高劳动生产率，提高经济效益和社会效益的一种高效农业。

（三）低碳农业是可持续发展的农业

低碳农业作为可持续发展的农业，是以实现人类的长远发展为目标，既要满足当代人的需要，又要保证后代人的发展需求；既要降低农业生产中的生态成本，又要实现农业的最大产出。

（四）低碳农业是安全性农业

生态安全、粮食安全、食品安全既是低碳农业发展的重要目标，又是农业可持续发展的必然要求。高碳农业恰恰相反，不仅对生态环境产生了破

坏，又大大地威胁了全球的生态安全。

三、低碳农业与其他几个概念的区别

生态农业、绿色农业、循环农业、可持续农业、低碳农业都是转变农业发展方式，实现农业可持续发展的新型模式。从内涵上看，低碳农业是生态农业、绿色农业、循环农业和可持续农业的进一步发展，其内涵基本上能涵盖这四种农业发展方式或农业发展理念。生态农业和绿色农业强调在农业生产和农产品加工过程中，关注生态环境保护问题和食品安全问题，尽量减少生态破坏和环境污染，生产无公害农产品、绿色食品和有机食品等农产品。循环农业强调农业生产过程中资源的节约使用，通过"资源造费—产品—再生资源"循环模式达到资源"减量化、再利用、再循环"，同时较少污染物的排放。可持续农业强调农业生产与环境、人类的长远发展，是一种新的农业发展理念。生态农业、绿色农业、循环农业都只强调了农业发展与资源环境矛盾的某一方面，可持续农业仅为一种长远的农业发展理念，低碳农业则是统筹考虑应对气候变暖、确保能源安全、保护资源环境等条件，明确了实现农业生产发展、农产品安全、生态环境保护、全球气候变暖趋势缓解等内容的具体发展路径。在生态农业、绿色农业、循环农业和可持续农业的基础上，低碳农业更加注重农业生产过程中的能源消耗和碳排放问题，不仅提倡少施用化肥农药、进行高效生态的农业生产；在种植、养殖、运输、加工等环节中，低碳农业更加注重循环经济理念的应用，减少能源和资源的利用，使农业生产的能耗和碳排放不断降低。

第二节　西部地区低碳农业发展现状

在政府和国际环境组织的引导下，我国西部地区从自然生态环境不断恶化的现实困境出发，积极探索经济社会与自然环境协调发展之路。针对日益凸显的全球温室效应，西部地区大力推动生产方式转变，增强节能减排力

度、积极参与到减少温室气体排放的伟大行动中。在农业生产领域，西部地区不仅通过采用先进技术，改变种植和养殖方式，开发和利用清洁能源，实现节能减排，减少温室气体排放。与此同时，通过植树造林，提高森林蓄积量；通过草原维护和改良，提高草原质量；减少农药、化肥和地膜的使用量以及通过土壤平整和改良，改善土壤结构和质量；增加固碳型植物种植，以此增加森林、草原和土壤的固碳能力。

一、西部地区低碳农业发展的现状

（一）西部地区低碳农业发展意识不断增强

在西部地区各个省份的规划中，都有大量关于低碳农业发展的相关内容，如表4-1所示。不仅说明了西部地区在农业生产过程中的低碳发展意识不断增强，也极大地推动了西部地区农业的低碳化发展，为减少温室气体排放、维护全球气候发挥了强有力的引导作用。

表4-1 西部各省份规划中低碳农业发展相关内容

地区	相关内容
新疆	以农业节水为重点，推行现代节水灌溉新技术，大幅度降低灌溉定额。坚持保护优先和自然恢复为主，加大生态保护和建设力度，从源头上有效遏制生态环境进一步恶化，把新疆建设成为我国西北重要的生态屏障
内蒙古	发挥农牧业生态系统的整体功能，提高集约化水平，大力推广保护性耕作、合理施肥（药）、节水灌溉、旱作农业、集约化生态养殖、沼气与秸秆综合利用等循环利用技术。以农村牧区沼气建设为依托，推动规模养殖、特色种植、庭院经济和无公害、绿色、有机农畜产品的发展，提升农村牧区经济发展水平。建设森林碳汇基地，增强草原碳汇功能，探索建立草原固碳标准体系，培育碳汇交易市场，推动开展碳汇交易
重庆	加大畜禽养殖污染防治，有效控制和降低农药、化肥、农膜等面源污染。发展生态渔业，建成三峡库区天然生态渔场。推广秸秆气化、农村沼气等清洁能源，发展农村户用沼气用户。实施农村沼气等清洁能源工程，农村安全饮水工程，大中型灌区续建配套与节水改造工程，测土配方施肥工程，农村畜禽养殖污染防治工程，农村面源污染防治工程，建设"森林重庆"
四川	推广高效节水灌溉技术，加快建设农业节水工程，加快扩大有效灌溉面积和节水灌溉面积。建设农村户用沼气池、大中型及联户沼气工程、秸秆能源化利用工程、农村省柴节煤炉灶升级换代工程。大力发展生态农业，积极开发无公害农产品、绿色食品、有机食品和农产品地理标志产品。加强秸秆、废弃木材等农林废弃物综合利用，促进资源再生利用产业化。开展垃圾焚烧发电、中水回用、生猪养殖及粪污综合利用等循环技术示范推广项目

地区	相关内容
贵州	推进农业节水灌溉，发展旱作节水农业，积极推进节水示范县建设，全省农田灌溉水有效利用系数力争不断提升；推进高耗水行业节水技术改造及矿井水资源利用，提高工业用水重复利用率。推进实施退耕还林、天然林资源保护、珠江等防护林、速生丰产林等工程建设，提高森林覆盖率。加强湿地保护区保护恢复，维护或重建湿地生态系统。建立和完善生态效益补偿机制，推进实施公益林生态效益补偿项目。大力发展林业绿色产业，增强林业可持续发展能力。加强农村环境保护，积极推进土壤污染防治和农业面源污染治理
云南	加强农林废弃物资源化、清洁化综合利用，加快推进农村沼气、太阳能热利用等能源工程建设。推进"森林云南"建设，增强绿色发展对生态建设的基础性和核心性支撑作用，建设资源节约型和环境友好型社会。加大荒山荒地造林和封山育林力度，扩大森林面积，增加城市园林绿化，开展森林灾后生态修复重建工程，提升森林固碳能力，增加森林碳汇
广西	大力推广生态循环农业模式，发展生态循环型农业。促进森林增长，提高森林覆盖率，增加森林蓄积量和森林生态服务价值，增强固碳能力。加强现代种业、农业节水等科技创新，增强现代农业示范区示范功能。重点推进桂中和左右江等治旱骨干工程建设、桂西大石山区旱片治理，以及大中型灌区配套续建和节水改造
陕西	发展节水灌溉和旱作农业，实施保护性耕作，加大良种推广、配方施肥，努力提高粮食单产。推进农业节水增效，推广普及管道输水、膜下滴灌等高效节水灌溉技术，新增节水灌溉面积。开展农村化肥、农药等面源污染综合治理试点示范和农村污染土壤修复，推进规模化养殖场、养殖小区污水处理设施建设，实施重金属污染防治工程。大力实施退耕还林、重点防护林、水土流失综合治理等七大生态建设工程，着力构建"三屏三带"生态安全屏障，全面推进生态陕西建设
甘肃	以发展高效节水农业为核心，加快高效用水、节约用水基础设施建设，推进雨水集蓄，建设节水灌溉饲草基地，提高灌溉水利用效率，基本实现农业灌溉用水总量零增长。坚持保护耕地，节约集约用地。实施最严格的耕地保护制度，建立健全基本农田保护监管体系，加快国土绿化步伐，继续实施好天然林保护、退耕还林、退牧还草、三北防护林体系建设、防沙治沙、公益林补偿等工程。抓好水土流失、风沙危害严重和25度以上陡坡地段及江河源头、库区周围等重要生态地区退耕还林工程建设，巩固退耕还林成果
青海	积极创建无公害、绿色、有机农畜产品生产基地，大力培育高原绿色农畜产品品牌。坚持工程治理与自然修复相结合，加大重点生态功能区保护建设力度，继续实施好退耕还林、退牧还草、天然林保护、三北防护林、野生动物保护工程
宁夏	按照节水、生态、特色、避灾的发展方向，坚持生态恢复重建、农业基础设施建设和特色优势产业发展并重，建设特色优势农产品产业带。把中部干旱带建成引领西北的旱作节水农业示范区。广泛开展农村沼气综合利用。着力发展循环型农业。增加造林面积，治理沙化土地
西藏	推广清洁环保生产方式，治理农牧业面源污染，禁止城镇垃圾及其他污染物向农牧区转移。综合利用作物秸秆和畜禽粪便，加大沼气等生物能源开发。坚持经济生态化、生态产业化，积极发展生态经济

（二）西部地区循环农业模式不断涌现

在农业发展领域，西部地区积极探索不同区域类型和不同行业相互关联的农业循环经济发展模式。从地域层面看，西北地区有禽畜轮养与套养模式，农牧循环模式，"太阳能—沼气—种植—养殖"四位一体庭院经济模式等；西南地区有农牧渔、林牧渔、"养殖—沼气—种植"三位一体庭院经济模式等。从地形地貌角度看，平原地区有稻田农牧循环农业模式、池塘牧渔循环农业模式和旱地农牧循环农业模式等，丘陵地区有农林牧循环农业模式、林农渔循环农业模式和林牧渔循环农业模式等。除了上述这些第一产业内各个行业之间存在的循环农业模式外，还有三次产业层面的循环农业模式，比如农业+加工业循环模式、种植业+养殖业+加工业循环农业模式、农业+商贸服务业循环模式、农业+餐饮服务业循环模式、农业+旅游业循环模式等。这些循环农业模式的不断涌现，不仅提高了农业经济效益，也减少了生产过程中的废物、废气和废水排放，提高了资源利用效率，有力推动了西部地区农业低碳化发展。

（三）西部地区低碳养殖业发展潜力巨大

畜牧业是西部地区农业的重要组成部分，而畜牧养殖业的动物肠道消化和粪便排泄过程中产生的甲烷等是农业生产中温室气体的重要来源。为减少畜牧业中的温室气体排放，目前新疆、内蒙古、青海、广西和四川等地区已经开始尝试通过采用先进技术对动物饲料进行降解，提高消化率和瘤胃内食糜颗粒的流通速率，减少瘤胃甲烷生成和粪便中残留的有机物，进而减少单位饲料消耗的甲烷产量；改进畜禽粪尿排泄物管理，实现资源利用良性循环，有效减少污染排放。

另外，在水产养殖过程中，西部地区尝试通过利用循环水、改善喂养饲料、改进喂养技术等途径实现低碳水产养殖。西部地区的低碳水产养殖业仍处于摸索阶段，尚未形成成熟的模式，因此在未来的发展过程中，需要加大力度推动水产养殖业低碳化发展。

（四）西部地区清洁能源生产规模不断增大

近几年来，西部地区不断通过采用先进的技术开发和利用沼气、太阳能等清洁能源。青海省海西蒙古族藏族自治州充分利用自然资源，成功开辟了一条开发清洁能源的道路。因其拥有丰富的太阳能和风能资源，形成了以光伏、光热发电项目为主体，装备制造、新能源材料、光伏等产业同步发展、绿色低碳的整体发展格局。目前,多个清洁能源基地已基本建成。我们可以看到西部地区的清洁能源生产和使用规模呈现出平稳的增长趋势。

随着清洁能源使用量在能源利用总量中的份额不断提高,西部地区能源结构得到了改善,减少了对传统石化能源的依赖,降低了温室气体排放,也提高了农村可再生资源利用效率,减少了废物废气排放,进一步优化了生活条件和生产环境。

(五)西部地区低碳林业规模不断扩大

为遏制生态环境恶化,保护生物多样性,进一步发挥森林的生态屏障作用,西部地区通过实施碳汇林业项目,天然林保护工程、退耕还林工程和三北及长江流域等防护林建设工程,大力推进植树造林,增加森林面积和森林蓄积量,减少病虫害和火灾发生率,提高森林的固碳能力。西部地区造林面积不断增加,森林覆盖率日益提高,在实现森林固碳能力不断增强的同时,通过森林防风固沙、减少水土流失作用的发挥,优化了自然生态环境,提高了土壤的固碳能力。

二、西部地区低碳农业发展存在的问题

(一)农业生产方式不尽合理

长期以来,西部地区土地资源总量较大,但人均耕地面积却很低,自然资源严重不足且利用率较低,不合理的生产方式也是制约低碳农业发展的重要因素。一是耕地面积减少,水土流失严重,土地利用方式改变。土地的不合理开发和利用,使耕地面积逐渐减少,水土流失和土壤沙化日益严重。二是农业施肥方式不合理。大量化学肥料的使用,使土壤中有机质减少,农田土壤退化,病虫害频发,造成了整个生态系统脆弱。化肥的不当使用,加剧了温室效应。三是农业灌溉方式不当。我国有效水资源利用多数并未采用节水灌溉方式,导致了水资源短缺。

(二)西部地区农业生产有害品投入减量工作进展缓慢

虽然人们已经意识到过量使用化肥、农药和农用薄膜的危害,开始减少这些农业生产资料的使用量,不断推广测土配方施肥,增加有机肥施用量,积极探索生物防治病虫害方法,尝试采用可降解塑料薄膜,以此降低对农业

发展基础和环境的破坏。但是为追求较高的经济效益，西部地区农业发展方式依然处于粗放型阶段，农业生产过程中使用化肥、农药和地膜等有害投入品的减量或替代工作进展缓慢。

另外，秸秆还田可以改良土壤性质、加速生土熟化、提高土壤肥力，同时减少因焚烧秸秆带来的空气污染或因秸秆堆积沟池所带来的地表水污染。一些省份开始尝试进行秸秆还田，比如四川省尝试采用粉碎、掩埋、腐熟等措施和技术，推进油菜、玉米和水稻等农作物秸秆还田。但是由于秸秆还田费时费力，还田后易引发病虫害，以及短期内不利于耕种等缺点，导致农民不愿意进行秸秆还田。

（三）西部地区节水农业发展水平有待进一步提高

西部地区农业发展中的节水意识不断提高，许多省份都开始有计划有秩序地展开节水农田建设，开发和推广农业生产节水技术。

虽然农田节水灌溉可以以最低限度的用水量获得最大的经济效益，但是节水灌溉属于设施农业的一部分，节水灌溉技术的推广与实施需要投入大量资金，同时，化肥、农药的大量使用也导致一部分水资源被污染。地下水的不合理使用和过度开采，不仅使地下水位下降，而且加重了土壤退化和沙漠化。因此，四川、陕西和内蒙古等省区通过技术改造和资金投入，打造一定规模的节水灌溉农田。但总体上看来，西部地区农田的节水灌溉实现程度仍然较低，需要在未来发展过程中加强节水灌溉设施建设。

（四）农村缺乏固碳减排技术支撑

对于秸秆还田及资源化利用、沼气技术、堆肥技术、稻田生态养殖、低毒低残留农药的研制、农业节水节能技术、化肥的高效利用、农作物的改良等研究虽然取得了一定的成就，但是由于技术、资金、政策等方面的原因，农村固碳减排、节能减排的技术力量仍然薄弱，循环农业生产模式的普及任重道远，关键性技术仍未得到突破，尚不能满足现代农业和新农村建设的发展需求。

（五）地方政府在推进低碳农业发展中职能作用未能充分发挥

政府的职能为社会管理、公共服务和经济职能，经济职能是政府通过制定相关法律、法规并监督其执行，为经济建设创造良好的社会环境，从而实

现对经济的宏观调控，促进经济良性发展。部分地方政府为了积极发展相关
见效快的产业，对农业的发展不够重视，对农业的资金扶持、科技支撑、政
策支持远远不能满足低碳农业的项目建设和开发的需要，在低碳农业发展中
政府未能充分发挥引导作用。

三、西部地区低碳农业发展的必然性

西部地区发展低碳农业有其必然性，低碳农业是西部地区低成本实现农
业现代化的有效途径，是西部地区特色农业现代化道路的现实选择。

（一）低碳农业是西部地区低成本实现农业现代化的有效途径

随着城乡经济社会的快速发展，不同产业、不同地区将受到资源、环
境等要素"瓶颈"的制约，也面临土地、能源、环保指标等生产要素的成本
约束。农业是基础性产业，为工业等其他产业提供生产原料；农业现代化是
"四化同步"的基础产业，如果农业现代化以高成本为代价实现，势必会增
加新型工业化和新型城镇化的成本，削弱经济发展带来的经济社会效益。低
碳农业的发展将推广节能技术，开发生物质能源，有利于优化能源结构，降
低能源成本；将提高投入品使用效率，减少污染物排放，有利于降低农业面
源污染，降低环境治理成本；将促进农业节本增效，有利于转变农业发展
方向，提高农业效益。因此，低碳农业有利于西部地区低成本实现农业现
代化。

（二）低碳农业是提高农业固碳功能的可行途径

以二氧化碳为主的温室气体减排，可以通过二氧化碳减排和固碳两种
方式来实现。农业是天生具有固碳这一生态功能的产业，森林系统具有强大
的碳吸收能力，草地与农田土壤有机碳库在固碳方面的作用十分显著，湿地
也具有巨大的固碳和调节气候的功能。然而，农业的生产功能是追求作物的
高产、稳产、高效，追求经济效益最大化。随着农业机械、化肥等的大量使
用，农田土壤受到严重的面源污染，湿地遭到严重的破坏，农业固碳的生态
功能不断减弱，土壤、湿地中的碳逐渐氧化分解，农业由"碳汇"变成了
"碳源"，这将大大加剧全球气候变暖的进程。因此，提高农业碳汇能力，
恢复农业生态功能，需要从农业生产环节入手，减少高碳能源及化肥的使

用。低碳农业是在农业生产、加工等过程减少碳排放的农业发展模式。

（三）低碳农业是农业发展的生态文明之路

农业是国民经济的基础产业，建设农业生态文明就是要把工业文明时代农业生产对大自然的"征服""挑战"变为生态文明时代农业生产与自然的和谐相处。低碳农业是低碳经济在农业的发展，它要求转变农业生产方式，发展农业生物质能源，既保证农作物高产稳产，又不会对气候变暖增添压力。例如，鼓励将农业和林业的废弃秸秆利用起来进行能源开发，发展节水型农业；建立循环农业等。可见，发展低碳农业本身就是建设资源节约型、环境友好型农业产业体系的内容、是农业发展的生态文明之路。

（四）低碳农业是提升西部地区农产品国际竞争力的有效途径

从全球范围看，食品安全问题和环境污染问题日益严重，国际市场对农产品质量、单位能耗指标、环保指标要求越来越高。随着国际贸易技术壁垒的加剧，农业产品出口的质量控制由单纯的产品质量认证转变为全过程的产品质量体系认证。农业竞争力集中表现在产品的数量、质量、安全、效益和生态等五个方面，它是一个国家农业发展和科技进步水平的重要标志。这就要求企业生产的产品不仅在质量上要合乎标准，而且在产前、产中和产后全过程都要达到进口国的单位能耗标准、环保标准等。与传统农业发展模式不同，低碳农业是在农业生产、加工等过程减少碳排放和环境污染的农业发展模式，它一方面要求保证农产品质量，另一方面强调农业生产、加工等环节的节能减排。因此，发展低碳农业是增强西部地区农产品在国际市场上的竞争力的有效途径。

第三节　西部地区低碳农业发展模式

一、循环农业经济模式

农业循环经济（Agriculture Recycle Economy）是循环经济理念在农业生产领域中的延伸和发展，它是指在农业生产经营系统中运用循环经济理念，以"减量化、再利用、再循环"为原则，以资源高效利用、废弃物减量产出为目标，在农业生产过程和农产品生命周期中减少农业生产资料以及能源资源的投入量，减少废弃物的排放量，以实现农业经济效益和生态效益、社会效益多赢的一种经济形态。农业循环经济是循环经济系统的一个子系统，是一种与自然生态环境和谐发展的农业经济模式。

从产业角度讲，现代农业循环经济不仅是在同一个小范围区域内农业内部各部门之间融合的经济体系，还是农业与第二、三产业之间通过产品的加工转换和废弃物的循环利用衔接起来的循环经济体系，是农业向第二产业和第三产业的延伸和功能耦合。基于此，我们借鉴章家恩等人[①]的观点，从三次产业层面、第一产业层面、第一产业内部行业层面和农户庭院经济层面等四个层面，介绍我国西部地区农业循环经济发展的典型模式。

（一）三次产业层面的循环农业模式

1. 农业+加工业循环模式

农业+加工业循环模式可以细分为大农业内部一个或几个部门分别与加工业相组合，比如种植业+加工业、养殖业+加工业、林业+加工业、林业+养殖业+加工业、种植业+养殖业+加工业等等。这一模式不仅解决了大多初级农产品和鲜活产品因未得到深加工而造成附加值低和农业效益低的问题，也解决了农业废弃物未被充分利用而造成的物质和能量损失以及环境污染问题。

2. 农业+餐饮业循环模式

农业+餐饮业循环模式是农产品不经过市场直接定点供应给宾馆、酒店、学校等餐饮服务业，餐饮废弃物作为养殖业的饲料，养殖废弃物作为种植业的肥料，从而形成一个良性的物质与能量循环系统。

3. 农业+旅游业循环模式

农业+旅游业循环模式是以城郊农村和一些生态环境优美的偏远农村为载体，为旅游者提供休闲观光资源和消费资源，消费废弃物通过无害化处理后就地归还大田生产中，从而形成一个就地循环过程。

---

① 章家恩. 农业循环经济[M]. 北京：化学工业出版社，2010，39-76.

4. 农业+商贸服务业循环模式

农业+商贸服务业循环模式是将农产品生产基地和农产品超市、农产品批发市场、物流中心等流通行业结合起来，不仅为农产品生产基地提供了稳定的销售渠道，也为一些超市和批发市场提供了稳定的货源，并且确保了农产品的质量问题。

5. 其他多元产业循环模式

除以上几种典型农业循环模式以外，还有多元化的循环农业模式。"种植业+手工艺业+旅游业""农业+加工业+旅游业"和"种植业+养殖业+加工业+商业"等循环经济模式。

（二）第一产业层面的循环农业模式

1. 农牧循环农业模式

农牧循环农业模式在我国西部地区可以分北方的旱地农牧循环农业模式和南方的稻田（或注塘）农牧循环农业模式。前者是在旱地上种植饲料作物，通过原地放养、圈地养殖或两者并用等方式发展猪、牛、羊、鸡、鸭、鹅、兔等畜牧业，这一模式通过饲料供给和粪肥还田使种植业和畜牧业有机融合，使物质和能量得到了充分利用；后者是以稻田为载体发展鱼类、家禽、蛙等养殖业，这一模式充分利用了稻田的空间生态位、时间生态位和营养生态位，具有良好的生态效益和社会经济效益。

2. 林牧循环农业模式

林牧循环农业模式是充分利用林木下较大的闲置空间和丰富的生物饲料资源，以圈养或放养的方式发展猪、牛、羊、鸡、兔等养殖业，这一模式不仅节约了养殖成本，还可以将禽畜粪便变废为宝，为林牧业提供肥料，实现了经济效益与生态效益的双赢。

3. 牧渔循环农业模式

牧渔循环农业模式是以池塘为空间载体，在池塘边或水面上建猪（鸡、鸭）舍，在池塘内养鱼，猪（鸡、鸭）的粪便直接或经沼气发酵后排入鱼塘做鱼类养殖饲料。这一模式既解决了猪（鸡、鸭）粪便乱排放的环境污染问题，也取得了节约鱼类养殖饲料成本的经济效益。

4. 农林牧循环农业模式

农林牧循环农业模式是林业和种植业通过间作、套种等方式复合发展，通过饲料作物、生物秸秆来发展猪、牛、羊等养殖业，养殖业产生的粪便通过沼气发酵产生的沼渣和沼液作为农林业肥料还地，沼气作为养殖和生活能源，进而形成一个循环体系。这一模式中，林业为种植业和养殖业提供了稳定的生产环境和生态环境，种植业和养殖业保证了良好的经济效益。南方丘陵地区的"畜—沼—果（林）"模式就是典型的农林牧循环农业模式。

5. 农牧渔循环农业模式

农牧渔循环农业模式是以丘陵缓坡和坡脚池塘为载体，在丘陵和塘基上发展种植业和养殖业，在池塘中养鱼，种植业为渔业和养殖业提供饲料，养殖业的废弃物经沼化后作为种植业肥料和渔业的饵料，塘泥作为种植业的肥料。

6. 农林牧渔循环农业模式

农林渔循环农业模式是以丘陵坡地及坡脚池塘为空间载体，在坡地从上到下依次种植水土保持林、经济果林、粮食作物（经济作物或饲料作物），坡脚池塘养鱼，形成林地、果林地、旱地和鱼塘四个生态子系统组成的立体生态农业模式。在这一模式中，坡顶林地发挥了生态保护功能；果林地不仅有水土保持功能，还发挥经济效益；旱地作物实现经济效益的同时，为渔业养殖提供了饵料；渔业养殖水产品除获得经济效益外，塘泥也可以为坡地的果林和旱地提供肥料。林果业、种植业和水产养殖系统的融合，实现了系统内部的能量流动和物质循环。

（三）第一产业内部行业层面的循环农业模式

1. 循环种植业模式

循环种植业模式是指根据农作物的生态特性、充分利用光、温、水、土等自然资源及时间资源，通过作物的间作、套种、混作、轮作等种植方式，来实现种植业生产过程中外部物质投入量减少，内部物质循环再生利用的种植模式。这种模式不仅可以增加亩产，提高经济效益，还可以增加生物多样性，利用生物原理减少病虫害的发生率，减少化肥、农药施用量。

2. 循环林业模式

循环林业模式是指根据各种林木的生长特性，以混交林、乔灌草立体种植、林木与经济作物间作的形式，实现林地生态系统内部水土养分转化和运移的林业模式。这种模式不仅可以起到涵养水源、保持水土、净化空气，保护环境的作用，还可以通过充分利用林地生产空间获得较大的经济效益。

3. 循环水产养殖业模式

循环水产养殖业是指根据各种不同鱼类生活习性的差异性，通过混养、轮养和套养，降低养殖饲料投入，减少养殖成本，提高经济效益的水产养殖业模式。比如四川巴中市广纳镇采用"轮放轮捕"的养殖技术，提高了养殖利润。与常规养鱼不同，广纳镇水产养殖户推行轮放轮捕，从3月中旬开始逐步投放鱼苗，一直投放到6月中旬，市场价格好时，选捕一次鱼补一次苗，让成鱼池全年都始终保持一定的存鱼量，并可根据市场需求投放不同的鱼苗品种。

（四）农户庭院的循环农业模式

1. 庭院立体种养循环农业经济模式

庭院立体种养循环经济模式是以农家住户庭院空间为载体，发展种养复合型立体农业。在庭院中栽种维护庭院生态环境的乔木、蔬菜、花卉苗木等，林下进行木耳、蘑菇、中药材等，或放养（圈养）鸡、鸭、猪、兔等禽畜，种植业为养殖业提供生长环境和部分饲料，养殖业为种植业提供部分肥源，进而形成物质与能量的循环利用。

2. 南方"三位一体"庭院农业循环经济模式

南方"三位一体"庭院农业循环经济模式以农户房屋的土地、水面和庭院为载体，建设禽畜舍、沼气池和种植地面三部分，将沼气池建设和畜禽舍以及厕所相结合，形成"养殖—沼气—种植业"三位一体的庭院经济格局，达到良性生态循环效果。这里的种植业可以是经济林业、林果业、蔬菜或水稻等等。

二、绿色农业模式

绿色农业是指以可持续发展理念为指导，以提高农产品生产的生态效益和经济效益为目的，采用对环境或农产品品质无害的生产技术和生产方式，确保农产品从"农田到餐桌"过程中安全、优质和营养价值不流失的农业生产经营方式。绿色农业的关键之一就是在农产品生产过程中少用或不用那些对环境或农产品品质有害的农业生产资料，比如化肥、农药和农用地膜等，促使化学农业向主要依靠生物内在机制的生态农业转变。

（一）绿色农作物模式

绿色农业发展模式的具体措施包括用秸秆、动物粪便、沼渣和沼液等有机肥替代化学肥料，用生物农药、生物治虫替代化学农药；用可降解农膜替代不可降解的塑料农膜；开展测土配方施肥和平衡施肥，根据土壤状况和农作物生长需要，确定化肥的合理施用量等等。在绿色农业的生产过程中，化肥、农药、农用薄膜等农业生产资料投入的减量、替代，不仅避免了因大量使用这些有害投入品而造成的农业面源污染和土壤退化，影响农业的可持续发展，还可以减少生产成本，提高农产品品质，进而获得较高的经济效益。

（二）绿色畜牧业模式

绿色农业模式还包括在农业畜牧业生产过程中实行生态畜牧业发展，包括四种途径。

（1）资源配置型。组织畜牧业季节性生产，推广肉畜异地育肥技术。季节畜牧生产是青草期多养畜、枯草期多出栏，充分发挥牧草和精饲料季节生长优势和幼龄畜增重快、肉质好的特点，进行肉牛、羔羊的短期快速育肥。依生物生长规律的"时间差""空间差"，以时间争空间，以空间夺时间，进行资源合理配置，达到草畜同步、生态平衡的生产方式。

（2）多级利用型。在养殖技术中，通过食物链加环，实现物质能量多级利用，以增加物质产品产出量。主要有3种：一是饲料→畜禽→畜禽粪便→养鱼→鱼粪→饲料食物链结构生产链；二是饲草→草食家畜（牛、羊、兔）→畜粪→果树（粮）生产链；三是牛粪+秸秆秕壳→食用菌→菌料→养牛喂猪腐生生产链。

（3）综合利用型。种植养殖塑料大棚配套生产技术。在甘肃省古浪县引黄灌区科技养殖示范园区建立的塑料大棚，内有沼气池，池上建猪舍，棚内四季种菜。大棚采光保温性好，有利于猪的生长，饲料报酬提高20%，猪粪直接入沼气池内，沼气供热、照明，沼液、沼渣用于种菜肥田，可提高蔬菜产量30%，塑料大棚的多层次综合利用，经济、生态效益十分可观。

（4）系统调控型。依反刍家畜（牛、羊）瘤胃微生物酶之功效，充分利用粗纤维饲料和非蛋白氮的生物学特性，通过秸秆氨化、青贮、微贮等技术，利用3/4的秸秆、糠、麸、饼、渣及牧草等光合产物，饲喂反刍家畜，生产潜力巨大，经济、生态效益十分可观，亟待深入研究推广。

综上所述，生态畜牧业生产技术模式可以多种多样，可以不断在实践中总结、创新、推广。对于一个生态区，究竟采用什么样的模式，应遵循生态学原理和规律，以及家畜禽的生物学特性，因时、因地、因条件制宜。只有这样，才能实现畜牧生产的优质高产高效益。

三、节能农业模式

（一）种植业和养殖业中的节能

节能农业模式是指在农业生产中，通过改善种植和饲养技术减少对能源和饲料的使用量，以达到节能的农业生产方式。在种植业生产过程中，充分利用自然力和生态力，通过推广和使用节能技术以减少对化石能源的依赖和利用，比如免耕、浅耕等耕作制度；利用地势重力实现自流灌溉；利用温室大棚技术充分使用太阳能。在养殖业生产过程中，通过采用推广集约、高效、生态养殖技术，降低饲料；利用太阳能和地热资源调节畜禽舍温度，降低能源消耗。

（二）农产品加工业的节能

农产品加工是低碳农业系统中不可或缺的一部分，它与第二产业相关，又与第一产业密不可分，我们从以下几个方面来说明低碳农产品加工。

1. 应用先进的农产品加工技术变废为宝

高新技术在低碳农产品加工业中至关重要，如超临界流体蒸储技术、淀粉修饰技术、超临界流体萃取技术、超细微粉粉碎技术、质构重组技术、真空冷冻干燥技术，提高农产品附加值的同时也可以充分利用农业原料，将原来无法利用的废料、残渣加以利用，转换成新的产品。

如微生物加工或酶工程使秸秆中的纤维素、木质素等分解为糖或转化为单细胞蛋白。这项技术已经在动物饲料和食用菌等生产行业中高度产业化应用，这样就使农作物秸秆变废为宝，避免了由于燃烧带来的碳排放问题的同时，又能生产出动物饲料和食用菌，可谓是一举两得。

2. 深加工和精加工以及综合利用

农业产品的深加工、精加工和综合利用是一个涵盖广泛的领域，它们都是将原始农产品转化为价值更高的商品和材料的过程。深加工是指对农产品进行深入处理，如研磨、榨取、混合、包装等，以增加其附加值和市场份额。例如，深加工豆类可以生产出各种大豆制品，如豆腐、腐竹、豆豉等。精加工是指对农产品进行更深入的加工，如提取、分离、纯化等，以得到更纯的成分或化合物。例如，精加工玉米可以生产出玉米油和玉米淀粉。综合利用则是指将农产品的各个部分都充分利用，以最大程度地减少浪费和污染。例如，稻壳可以用来生产生物燃料和肥料，米糠可以用来生产油和蛋白质，麦麸可以用来生产饲料和肥料等。这些加工方式的应用，可以大大提高农产品的附加值和利用率，促进农业产业的发展和农民增收。同时，也可以推动农村一二三产业的融合发展，实现农业的可持续发展。

3. 减少农产品加工过程中的污染物排放

我国多数农产品加工企业都会产生大量的下脚料和副产品，其大都埋掉、流走或堆积，使农产品加工业成为"污染密集型"产业，而美国淀粉糖制造设备加工淀粉糖能做到无废渣、废水或废气，此模式是低碳农产品加工的楷模，我们应该努力借鉴学习。

4. 通过统筹规划降低物质损耗

根据国内有关调查，部分农产品加工企业物耗能耗很高，我们迫切需要改进管理体制，统筹兼顾加工前后的各个环节，同时积极采取先进生产技术和设备，做到综合利用，降低损耗，提高产出率，这才是低碳农产品加工的方向。

5. 原料主产地加工技术

目前西部地区的粮油、果蔬、肉制品等主要农产地需要提升、引进和购置深加工新技术、新工艺、新设备，建立一批农产品深加工示范生产线，如粮食烘干技术与成套设备；粮食加工新型关键主机；大型粮食加工工艺与配套设备；农产品加工过程控制技术和机电一体化装备。

在饲料加工方面，重点引进新型表面活性剂、助剂和添加剂等技术。畜禽产品优质加工技术、水产品精深加工与综合利用技术。在牛奶、果蔬、红茶制作加工、保鲜和酿造方面重点应用生物技术及乳品加工与质量监测的高新技术，如生化技术中利用乳酸菌、双歧杆菌等发酵技术生产风味保健乳酸制品等。

在中药材、肉食制品、粮油加工上广泛使用微电子技术；主要农产品产地储藏保鲜技术，如气流对撞干燥技术、冷杀菌技术。种子加工、农产品加工与检测技术及配套先进设备。

这些技术的应用都可以系统改变传统的农产品加工技术工艺，提升农产品质量，增加农产品附加值，更重要的是可以彻底改变粗放式农产品加工的局面，以提高农产品利用率，减少废物排放，降低对水土气的污染。总之，将农产品加工中的碳排放降到最低，做到绿色农产品加工，是西部农业经济能够可持续向前发展的保障。

四、节水农业模式

节水农业模式主要指在种植业生产过程中，通过改进节水技术、耕作技术和灌溉技术来减少农业用水消耗量的农业生产模式。比如在四川、贵州、云南、甘肃、新疆等西部地区，通过硬化田间输水渠道、改造机电排灌设施来减少农业用水浪费；通过免耕，深松，秸秆覆盖，地膜覆盖等农业技术保墒，较少灌溉次数达到节约用水；大力推广喷灌、滴灌、涌泉灌、小管出流灌、渗灌等微灌技术；在田间地头修建鱼鳞坑、蓄水池、旱水窖，增加雨水利用率；建造引洪淤灌工程在洪期储水，以备旱期农业生产之用。

为发展节水农业模式，可采取以下几种主要措施。

（一）转变传统观念，变供水管理为需水管理

传统的用水观念是通过建立水利工程来实现水资源的供需平衡，它将水资源矛盾的解决寄托在水的供给上而忽略了用水者在节水中的作用，结果是造成了水资源的浪费。在今后一段时间内，由于农业水资源的供给量基本不

会再增加，要实现农业的可持续发展，采用需水管理模式是实现这一目标的关键所在。所谓水资源的需水管理，就是把水资源作为一种经济资源，综合运用行政、法律、经济等手段规范人类在水资源开发利用中的行为，实现水资源的优化配置和合理利用，并进一步实现农业的可持续发展。

（二）合理规划种植结构

不同的农业种植结构直接影响到农业用水量，合理规划农业种植结构除了考虑包括水资源在内的各种自然条件外，还应该弄清区域内对粮食、经济作物的市场需求，并在此前提下采用"适水型"农业种植结构。

（三）实行经济灌溉定额

经济灌溉定额是指在提高用水效率和保证产量增产效益的前提下的用水量定额的方法，这是实现农业节水的中心环节。在采取经济灌溉定额时，要充分考虑不同作物生长期的需水规律，同时还要考虑农作物生长期间的降雨影响。

（四）多部门联合，统一管理水资源

农业节水涉及到农业、水利、气象、科技、行政等多个部门，是一个系统工程，要实现这一目标也就需要各部门的大力协作。

（五）发展先进的农业输水和节水技术

目前，我国在进行农业灌溉时，水的利用率大约只有30%~40%，低于节水技术发达国家约25~30个百分点，节水技术水平不高，且覆盖率较低。因此，大力发展先进的灌溉节水技术，并因地制宜地选择节水灌溉技术十分必要。如，在大田灌溉中采用低压管道输水可比土渠输水减少30%~40%的损失，每亩地用水量减少30~40立方米。

（六）要充分发挥农民节水的积极性

农民是实现节水灌溉的主体，提高用水效率离不开广大农民的参与，一切技术的实施也最终需要通过农民实现。建立农民参与管理决策的管理机制，大力提高农业劳动者节水观念和技能是节水环节不可缺少的重要因素。

（七）加强水污染的防治

现阶段，我国水资源出现紧张的一个重要原因是可用型水资源的不足。许多地方水资源本来已经比较紧张，个别企业生产过程对水资源的污染更是加剧了当地的用水紧张。

除了以上七种方法，培育耐旱新品种减少对灌溉用水的依赖，采用"以肥调水"技术增加水资源利用率等，也是两种正在探索的不错的办法。

五、碳汇林业模式

（一）碳汇林业的概述

碳汇林业是指利用森林的储碳功能，通过植树造林、加强森林经营管理、减少毁林、保护和恢复森林植被等活动，吸收和固定大气中的二氧化碳，并按照相关规则与碳汇交易相结合的过程、活动或机制。为推动碳汇林业发展，我国主要通过实施或参与林业重点工程和国际森林碳汇项目来推动林业建设，提高林木储蓄量。发展森林碳汇是低碳经济发展模式的必然选择。

森林是地球生物圈的重要组成部分，是维持生态平衡的重要调节器。森林与陆地其他生态系统相比具有较高的生物量和生长量，其碳贮量约占全球植被的77%，是陆地生态系统的最大碳库，对于维护陆地生态平衡、保护生态安全、防止生态危机发挥决定作用。与此同时，与工业直接减排等其他措施相比，森林碳汇有潜力较大、见效较快，成本较低、对经济增长影响小，居民福利高等优越性，森林的生态、经济和社会效益与森林碳汇是一样，是森林额外增加的社会福祉和居民福利。所以，低碳经济要求在尽量减少碳排放的同时，必须重视发挥森林的固碳作用，即发展森林碳汇。

国际森林碳汇项目，是《京都议定书》框架下发达国家和发展中国家之间在林业领域内的唯一合作机制，是指通过森林起到固碳作用，以此来充抵减排二氧化碳的义务，通过市场机制实现森林生态效益价值补偿的一种重要途径。

国际森林碳汇项目大致可以分为两大类："京都规则"碳汇项目和潜在的"非京都规则"碳汇项目。"京都规则"碳汇项目是指按照《京都议定书》框架下的清洁发展机制（Clean Development Mechanism，简称CDM）实施的林业碳汇项目，即至少在50年以上的无林地上新造林或1989年12月31日起到项目实施之日在无林地上再造林并满足额外性等其他要求的项目，这就是所谓的"CDM森林碳汇项目"。而其他不受《京都议定书》规则限制的造林、再造林、森林保护和森林管理项目则被称为潜在的"非京都规则"森林碳汇项目，如表4-2所示。

表4-2　碳汇林业模式

类型	项目名称
林业重点工程	天然林保护工程
	退耕还林工程
	三北及长江流域等防护林建设工程
CDM森林碳汇项目	中国东北部内蒙古敖汉旗防治荒漠化青年造林项目
	中国四川西北部退化土地的造林再造林项目
	中国广西珠江流域治理再造林项目
	中国广西西北部地区退化土地再造林项目
	云南腾冲清洁发展机制小规模再造林景观恢复项目
	诺华川西南林业碳汇、社区和生物多样性项目
"非京都规则"森林碳汇项目	华特迪士尼川西南森林碳汇项目
	欧洲投资银行碳汇造林项目

我国实施的林业重点工程主要包括天然林保护工程、退耕还林工程和三北及长江等流域防护林建设工程等。

由于碳汇林业这种模式对于西部地区这个自然资源丰富，丘陵、山地面积大，森林覆盖率较高的地区非常重要，因此，本章节从理论到实践，从发展模式、发展潜力到发展措施等多方面来介绍西部地区碳汇林业发展模式。

（二）提升西部地区森林碳汇能力的对策建议

1. 提高碳汇林业的经营管理水平

从维护国家生态安全的高度，研究确定西部地区碳汇项目区域布局，并在此基础上选择适宜林种，进行合理配置。增加有林地面积，调整林相结构，营造群落结构完整、固碳能力强的森林体系，推动能源林基地建设。实施西部地区低质低效林改造工程，进一步提高森林生态系统的碳汇功能和整体服务功能。严厉打击挤占滥用林地、乱砍滥伐林木、乱捕滥猎野生动物的违法犯罪活动；严格执行林木限额采伐和林地审批程序。坚决预防森林病虫害，健全防治网络，并准确及时预测预报，及时有效控制林业有害生物灾害发生；完善森林防火监控体系，拿出最大的精力抓好防火，制定最严格的制度要求防火，采取最管用的办法做好防火工作。

2. 加大森林碳汇的宣传力度

加强对森林碳汇的公共宣传和舆论引导，为碳汇林业发展营造良好的社会舆论氛围。首先，充分发挥新闻媒介的舆论监督和导向作用，弘扬生态文化，普及林业碳汇相关知识，增强公众生态与环保意识。其次，通过政府引导、公众参与，提高西部地区碳汇林业经济价值的公认度，促进企业、个人积极参与以增加碳汇为目的的造林和森林经营活动。通过在政府、企业和公众中开展关于气候变化的宣传教育，使碳汇林业向着健康、有序、规范的方向发展。

3. 加强西部地区森林碳汇的研究与监测

首先，加强对西部地区森林碳汇发展的科技支撑。组织西北农林科技大学、西南林业大学和各级科研院所等科研机构，集成智慧和力量，针对林业碳汇发展问题展开科技攻关，在科研课题设立和管理等方面向森林碳汇项目研究倾斜。尽快组织科技队伍，着手建立西部地区统一的、与国际接轨的碳汇计量、清查和监测体系，明晰西部"碳库清单"，同时将西部地区的林业碳汇纳入国家森林生态价值的统计范畴。其次，在西部各省（市、自治区）设立省级林业碳汇计量、监测评估机构，完善碳汇计量监测队伍，加强对森林碳汇的管理和技术支持。再次，按照西部各省之间实现碳排放和碳吸收之间总量平衡的原则，建立碳排放的综合考评机制，是体现地区公平的需要。最后，加强林业科技人才的培养，从根本上提升现有科技人才的森林碳汇研究能力。

4. 构建西部森林碳汇市场体系

逐步完善西部地区生态环境产权机制、交易机制、价格机制，发挥市场机制对生态环境资源供求的引导作用，建立公平、公开、公正的生态利益共享及相关责任分担机制，逐步建立健全碳汇交易市场体系。目前，我国拥有9个碳排放交易市场，分别为北京环境交易所、上海环境能源交易所、天津排放权交易所、深圳碳排放权交易所、广州碳排放权交易所、湖北碳排放权交易中心、重庆联合产权交易所、四川联合环境交易所、海峡股权交易中心。因此西部大开发使地区有关部门加强了与国家相关管理部门和金融机构联系沟通，开展西部林碳汇交易的可行性论证和相关的审批手续，尽快建立西部地区碳交易场所，将西部森林碳汇纳入国家统一的碳汇交易体系之中。同时，在国内碳交易仍不具备明确的法律框架或政策的情况下，出台有利于西部地区碳交易的地方政策，吸引社会资金的投入，利用杠杆放大的原理做大做实林业碳汇产业引导基金。

5. 完善区域森林生态补偿机制

目前，由于森林碳汇市场体系不完善，我国通过市场机制实现的森林生态补偿尚处于半市场化状态，同时政策性森林生态补偿主要是国家财政出钱"买单"，而且补偿标准偏低，存在"一刀切"现象，补偿效果实难体现森林碳汇的真实价值。西部地区应在对森林生态服务功能价值进行科学计量和评估的基础上，结合国家补偿、地方财政补贴、市场补贴和社会补贴，按照谁受益谁付费，谁损害谁赔偿的原则，展开森林补偿工作，促进碳汇林业发展。

6. 深化林业产权制度改革

首先，制定集体林地承包经营相关法律，以法律形式巩固林改的确权成果。我国现行与林地有关的法律中，《农村土地承包法》关注林地经济效益，而《森林法》关注林地生态效益，两者在立法价值上的冲突导致林权改革效果大打折扣。其次，制定森林、林木和林地使用权流转相关条例，规范现有的林权交易，将竞价拍卖、租赁经营、协商转让等方式都纳入其中。最后，西部地区尽快建设省级林业产权交易所，搭建林业产权流转平台，促进林业的经营由商品经营向资产经营，以及资本经营转变。

第四节　推进低碳农业发展进程的保障措施

要积极应对全球气候的变化，在农业领域主要表现为减排与增汇并重，促进农业低碳化发展。农业低碳发展则强调了多重目标的实现，在追求好的农业经济发展绩效的同时，关注资源消耗量和温室气体排放量等多重指标，以实现农业经济发展与资源环境的"双赢效应"，进而推进整个社会的低碳化发展。发展低碳农业是一个长期的过程，要紧密结合中国农业发展的实际情况，有计划、有步骤、有保障推进，走出中国特色的低碳农业发展之路，具体措施主要从政策法规、技术体系、产业结构以及社会宣传等方面入手。

一、出台低碳农业战略规划，推进低碳农业立法进程

良好的规则与制度会带来生产有效率的、经济增长迅速的、生活水平不断提升的社会环境，否则会给社会造成损失。我们分析国外低碳农业发展的经验发现，先进国家或地区均出台了相关的发展战略规划。结合中国低碳农业发展的特点，应适时推出相关发展战略和规划，通过以政府工作目标的形式确定下来，从而通过经济政策、产业政策、环境政策等各方面促进低碳农业的不断发展。

而根据中国目前的实际，低碳农业尚属于新生事物，政府为了推动其发展出台了一系列的政策保障，这些政策的实施对发展低碳农业有一定的促进作用，但目前还未出台正规的低碳农业法律法规来强制保障低碳农业的实施。相比政策措施的灵活性，法律法规更具强制性，其实施的成本更大，在低碳农业发展的初级阶段出台相关激励或约束政策更有利于其正确发展，而从低碳农业发展的长远看，势必要推进其立法进程，方能做到有法可依。因此现阶段要积极总结政策措施施加于低碳农业的效果，为将来低碳农业立法提供相关的依据。

二、突出低碳技术的支撑作用，创新科技推广服务

一是积极构建基于技术支撑的农业产业低碳化发展模式，应依托现有的各级农业科技研发单位，加大对低碳化农业技术的研发投入，增强中国技术的自主创新能力，提供更多优质的低碳技术。一方面，在加大低碳农业科技研发投入的基础上，学习和借鉴国外先进经验，结合中国的实际情况，有针对地研发一批符合个体分散经营特点的清洁、无污染的低碳、绿色、高效的农业生产技术，以满足农业产业低碳化发展的技术需求；在种植业方面，加快研发高效、环保的生物肥技术，借助生物育种技术，依托遗传改良技术，

主力研发出更多抗疫抗病、产品安全的、低投入、低排放、高产出优良农作物品种。

二是建立适当的激励机制，充分调动农业科技工作者的力量，搭建有利于推进各地各类低碳农业生产技术交流与合作的平台。加强低碳农业技术推广服务体系建设，注重低碳农业技术推广渠道的多元化发展。应在利用电视、广播、报纸等传统媒体的基础上，充分发挥互联网等现代信息技术传播手段，构建形式多样、内容丰富、立体交叉的低碳农业技术传播网络。同时，深入实地调研，了解和收集农民在技术推广方面的需求与问题，实现技术供求之间的有效对接，创造出更多、更新、更有效的低碳农业技术推广方法和手段。

三、优化农业产业结构，提高低碳农业组织化水平

长期以来，中国对农业的关注主要集中在种植业，核心利益是粮食产量，导致农业发展过于关注粮食的产量而忽视农业的多层次发展。近些年的农业发展，粮食产量连续增长，而人口增长速度逐渐放缓，故在保障粮食安全的前提下，可以更加注重农业多功能的开发，促进农林牧渔全面协调发展。重点突出现代低碳生态农业示范园的创建，引导农业朝以观光农业、休闲农业、立体农业等为特色的综合农业方向发展。

农业合作化是协同分散经营户提高低碳化水平的必由之路。近几年来，中国农民合作组织发展成效显著，在推动低碳农业向前发展中产生了良好的辅助作用。而提高组织化水平一是要加强专业合作社人才队伍的建设，锻炼出一批有能力的人才，推动低碳农业的发展；二是要规范合作社内部管理制度，进一步加强管理队伍建设，帮助合作社做好发展规划，将组织低碳绩效作为一个重要的考核标准。

四、促进产业间减排政策平衡发展，引导全民参与

目前整个经济朝着低碳化的方向发展，"低碳"一词逐渐融入到公众的生产、消费与日常生活中，但现阶段公众对低碳以及减排等概念的理解大都停留于对工业碳排放的认知，而相比工业碳排放，农业碳排放问题的公众

关注度与减排行动的参与度均不高，应充分利用现阶段工业反哺农业的相关支持政策的契机，引导公众更多关注农业碳排放问题，从而参与到低碳农业生产的行动中来。首先，政府在适当平衡低碳工业资源与低碳农业资源的投入，促进农业与工业协同减排的同时，应充分发挥农业碳吸收的特殊功能，促进减排进入良性循环；其次，利用现代化的传播媒介对低碳农业进行宣传，例如在微信、微博等公众高度参与的社交媒体上广泛传播农业节能减排的科学知识，提高公众对低碳农业的认知程度；再次，强化低碳农业的减排责任制度，以政府为第一减排责任人，做好自身的减排工作，引导和带动全社会参与低碳农业的社会实践活动中。

第五章 构建生态城市，促进可持续发展

第一节 生态城市的本质、特点、原则及理论基础

一、生态城市的本质

（一）生态城市的定义

生态城市至今还没有公认的、确切的定义。苏联的生态学家亚尼茨基（O.Yanitsky）认为生态城市是一种理想城市模式，是技术与自然充分融合，人为创造力和生产得到最大限度的发挥，居民的身心健康和环境质量得到最大限度的保护，物质、能量、信息高效利用，生态良性循环的人类住区；美国生态学家理查德·瑞吉斯特（Richard Register）认为生态城市即生态健全的城市，是低污染、节能、紧凑、充满活力并与自然和谐共存的聚居地；黄光宇教授认为生态城市是根据生态学原理，综合研究城市生态系统中人与住所的关系，并应用生态工程、环境工程、系统工程等现代科学与技术手段协调现代城市经济系统与生物的关系，保护与合理利用一切自然资源与能源，提高资源的再生和综合利用水平，提高人类对城市生态系统的自我调节、修复、维持和发展的能力，使人、自然、环境融为一体，互惠共生。

当今，不同学科都从各自的角度提出未来城市发展的模式，如山水城市、健康城市、绿色城市、生态城市、花园城市、园林城市、卫生城市、信息城市、全球城市等。但是城市发展应该超越单一学科的局限，其发展模式应当综合不同学科理论，使其具有科学性、可行性。基于可持续发展的指导思想，综合社会学、经济学、生态学、地理学、规划学等多学科理论分析，

生态城市是未来城市发展的合理模式，是实现城市可持续发展的有效手段，是城市发展的高级阶段。

我们经过研究认为生态城市是指在城市建设过程中追求自然系统和谐、人与自然和谐，以建设节约型社会为核心，从道德基础与环境教育角度，突出立法的科学化与民主化，激发和调动全社会的广泛参与的积极性，创造一个法制健全、文化发达、环境宜人、生活舒适的安全、稳定、民主社会主义文明环境和最佳人居环境的城市。

（二）生态城市的内涵

从生态城市概念的多样性论述中可以发现，生态城市概念具有丰富的内涵。主要表现在以下几个角度。

1. 生态哲学角度

生态城市的实质是实现人与人、人与自然的和谐。生态城市强调人是自然界的一部分，人必须在人与自然系统整体协调、和谐的基础上实现自身的发展，人与自然的局部价值都不能大于人与自然统一体的整体价值，强调整体是生态城市的价值取向所在。

2. 系统论的角度

生态城市是一个结构合理、功能稳定、达到动态平衡状态的"社会—经济—自然"复合生态系统。它具备良好的生产、生活和净化功能，具备自组织、自催化的竞争力，以主导城市发展，以及以自调节、自抑制的共生序保证生态城市的持续稳定。城市中各类生态网络完善，生态流运行高效顺畅。

3. 生态经济学角度

生态城市要求以生态支持系统、生态承载力和环境容量作为社会经济发展的基准。生态城市既要保证经济的持续增长以提供相应的生产生活条件来满足居民的基本需求，更要保证经济增长的质量。生态城市要有与生态支持系统承载力相适应的、合理的产业结构、能源结构和生产布局，采用既有利于维持自然资源存量，又有利于创造社会文化价值的生态技术来建立城市的生态产业体系，实现物质生产和社会生产的生态化，保证城市经济系统的高效运行和良性循环。生态城市倡导绿色能源的推广和普及，致力于可再生能源高效利用和不可再生资源能源的循环节约使用，关注人力资源的开发和培养。

4. 生态社会学角度

生态城市不单是单纯的自然生态化，而且是人类生态化，即以教育、科技、文化、道德、法律、制度等的全面生态化为特色，推崇生态价值观、生态哲学、生态伦理和自觉的生态意识，以形成资源节约型的社会生产和消费体系，建立自觉保护环境、促进人类自身发展的机制和公正、平等、安全、舒适的社会环境。

5. 地域空间角度

生态城市不是一个封闭的系统，而是以一定区域为依托的社会、经济、自然综合体。因而在地域空间上生态城市不是"城市"，而是一个城乡复合体，即城市与周边关系趋于整体化，形成城乡互惠共生的统一体，实现区域可持续发展。

二、生态城市的基本特征

生态城市的基本特征如下。

（一）社会生态化

生态城市有较高的教育、科技、文化水平，倡导生态价值观，人们有自觉的生态意识和自觉的环境保护意识。

（二）经济生态化

建立生态产业体系，在保护自然环境的同时，合理使用科学技术、清洁生产和文明消费，提高资源的再生和利用水平，建立发达的生态型产业体系。

（三）自然生态化

良好的自然环境和生态平衡，城市空间结构分布合理。人工环境和自然环境相结合，实现城乡一体化。

三、生态城市的构建原则

"生态城市"作为人类理想的人居环境，应当更明确、更全面地体现城市的本质，即适宜人居住。生态城市应当是一个健康的、有机的社会，其中不仅人与自然和谐相处，而且人与人也和睦相处，每个市民在其中都能自由自在地生活，并得到充分的关怀，还有足够的机会实现个人的发展。建设生态城市应该遵循以下原则：和谐性、高效性、持续性、整体性和区域性。

（一）和谐性

和谐性是生态城市最本质的特征和最核心的内涵。和谐性既指经济、社会与环境发展的和谐，也指人与自然的和谐，同时还指人际关系的和谐。在生态城市中，人与自然和谐共生，人回归自然、贴近自然，自然融于城市；在经济发展的同时，环境得到有效保护，社会关系良性运行。在过去相当长的时间里，我们过多地强调了城市的经济性质和技术力量，不仅破坏了城市和人类赖以生存的自然环境，而且也使人类社会自身出现了异化，换句话说，不仅人与自然的关系变得紧张，而且人与人的关系也难以和睦。生态城市的宗旨正是要改变这种状况。从这个意义上讲，生态城市应该是"平衡的城市"，营造满足人类自身各种需求的环境，空气清新、环境优美，同时又充满人情味，文化气氛浓郁，拥有强有力的互帮互助的群体，富有生机和活力。生态城市不是一个仅在生态环境上用自然绿色点缀但社会环境混乱、缺乏生气的人类居所，而是一个充满关心和爱心、保护人、陶冶人的人居环境。

（二）高效性

生态城市要改变现代城市高耗能、非循环的运行机制，提高一切资源的利用效率，物尽其用，人尽其才，各施其能，各得其所，物质、能量得到多层次的分级利用，废弃物循环再利用，各行业、各部门之间共生协调。有人提出"循环城市"的概念，就是指高效、循环或多层次利用能源和资源的城市。因此，从资源问题上讲，生态城市应该是"循环城市"。还有人提出了"清洁生产城市"，也是指城市经济的运行要实现高产出、低排放（个别行业和企业可实现"零排放"），高效、循环利用资源和能源。高效性指要求生态城市在宏观上要形成合理的产业结构，发展节约资源和能源的生产方式，形成高效运行的生产系统和控制系统；在微观上要积极开发有利于环境健康的生产技术，设计出更为耐用和可维修的产品，最大限度地减少废弃物，并扩大物资的回收和再利用。

（三）持续性

生态城市是以可持续发展思想为指导的，合理配置资源，公平地满足当代人类和后代在发展和环境方面的需要，不因眼前的利益而用"掠夺"的方式促进城市的暂时繁荣，也不为自身的发展而破坏区域的生态环境。要保证城市发展的健康、协调、持续。持续性不仅是指城市发展要注意保护自然环境，而且要更多地使用可再生的资源和能源，并保证可再生资源和能源的自我更新能力，保持生态的多样性，保护一切自然资源和生命支持系统，不断提高环境质量和生活质量；同时，持续性还包括经济的持续发展和社会的良性运行，对于城市来说，没有经济的发展和社会的和谐，自然环境就失去了其"人本"的意义。从这个意义上讲，生态城市必须也必然是可持续发展的城市。

（四）整体性

生态城市不是单纯追求环境优美，或经济的繁荣，而是兼顾社会、经济和环境三者的整体效益，不仅重视经济发展与生态环境的协调，更注重人类生活质量的提高，是在整体协调的新秩序下寻求发展。单一方面的生态化不是生态城市，整体的生态化才能称为生态城市。

（五）区域性

区域性具有两方面的含义，一是指生态城市本身不同于传统意义上的城市（建成区），而是一种城乡接合的城市，是一种"区域城市"；二是指生态城市必须融入区域之中，孤立的生态城市是无法长久实现生态化的。区域是城市生态系统运行的基础和依托，离开区域的自然和人文支持，城市就成了封闭的"孤岛"，城市与外界的物质、能量、人口、信息和文化等方面的交流就没有了畅通的渠道，城市生态系统的新陈代谢就难以进行，这样的城市是不可能实现生态化的。

生态城市是以人与人、人与自然和谐为价值取向的，广义而言，要实现这一目标，需要全人类的合作。"地球村"的概念就道出了当今世界不再孤立、分离的关系。因为我们只有一个地球，我们是地球村的主人，为保护人类生活的环境及其自身的生存发展，各国间必须加强合作，共享技术与资源。国际性映衬出生态城市是具有全人类意义的共同财富，是全世界人民的共同目标。当然全球性并不是指全世界都按照一个模式去建设生态城市，而是指按照生态原则去发展符合当地特点、民族特点的富有个性的城市。

四、生态城市建设的理论基础

（一）城市生态学理论

城市生态学是美国芝加哥学派创始人罗伯特·E·帕克（Robert Ezra Park）于1925年提出的。城市生态学是一门新兴科学。城市生态学是以生态学理论为基础，应用生态学的方法研究以人为核心的城市生态系统的结构、功能、动态，以及系统组成成分间和系统与周围生态系统间相互作用的规律，并利用这些规律优化生态系统的结构，调节系统关系，提高物质转化和能量利用效率以及改善城市环境质量，实现结构合理、功能高效和关系协调的一门综合性学科。

城市生态学从宏观上讲，是对城市自然生态系统、经济生态系统、社会生态系统之间关系进行研究，把城市作为以人为主体的人类生态系统来加以考察、研究。城市生态学以整体的观点，把城市看成一个生态系统，更多地把注意力放在全面阐述它的组分之间的关系及其组分之间的能量流动、物质代谢、信息流通和人的活动所形成的格局过程上。

城市生态系统与自然生态系统的不同在于：首先，城市生态系统以人为主体；其次，城市生态系统容量大、流量大、密度大、运转快，且具有高度开放性；最后，城市生态系统具有自我驯化的特点，具有多层次性，各层次子系统内部又有自己的物质流、信息流，各层次之间又相互联系形成由物理网络、经济网络、社会网络、文化网络等组成的网络结构。

一个和谐的城市生态系统必须具备良好的生产、消费和生态调节功能，具备自组织、自催化的竞争力，以主导城市的发展，以及以自调节、自抑制的共存序来保证城市的持续发展与稳定。因而城市生态系统的有序发展必须要有既符合经济规律又符合生态规律的法律、法规，行之有效的行政管理体制和机制，以及完善的监督体系。

依据生态学理论，在生态城市建设过程中，要彻底摒弃传统的城市建设目标和方向，确定新的目标定位。传统的城市建设只求经济发展速度，而忽视经济增长的质量；只注重经济效益，而忽视社会效益和生态效益。在城市生态学理论的指导下，生态城市的建设应该倡导人与人之间的亲近、人与自然之间的和谐，追求生态效益、社会效益、经济效益三种效益的最佳组合。

（二）城市可持续发展理论

城市可持续发展理论是根据可持续发展理论在城市领域的应用而提出来的，这是一种崭新的城市发展观，是在充分认识到城市在其发展历史中的各种"城市病"及原因的基础上，寻找到的一种新的城市发展模式，它在强调社会进步和经济增长的重要性的同时，更加注重城市质量的不断提高，包括城市的环境质量、城市生态结构质量、城市建筑的美学质量、城市的精神文化氛围质量等方面，最终实现城市社会、经济、生态环境的均衡发展。城市可持续发展内涵丰富，同时又具有层次性、区域性等特征。它至少应包含以下几个方面的内容。

（1）城市可持续发展具有时空性，在不同的发展阶段、不同区域，城市可持续发展具有不同的内容和要求；不仅要满足当代人、本城市的发展要求，还要满足后代人以及其他地区发展的要求。

（2）强调人口、资源、环境、经济、社会之间的相互协调，其中环境可持续发展是基础，经济可持续发展是前提，资源可持续利用是保障，社会可持续发展是目的。

（3）主要通过限制、调整、重组、优化城市系统的结构和功能，使其物质流、能量流、信息流得以永续利用，并借助一定的城市发展、经济社会发展战略来实施，其中城市政府是推动城市可持续发展的首要力量。

（4）具体表现为城市经济增长速度快，经济发展质量好，市容、环境美观，生态环境状况良好，人民生活水平高，社会治安秩序优，抵御自然灾害能力强。

（5）就宏观而言，是指一个地区的城市在数量上的持续增长，最终实现城乡一体化；就微观而言，是指城市在规模（人口、用地、生产等）、结构、功能等方面的持续变化与扩大，以实现城市的持续发展。

从城市可持续发展理论所包含的内容可以看到，它与我们所要建设的生态城市的要求在本质上是一致的，因此，生态城市建设一定要遵从城市可持续发展理论。

（三）城市生态规划理论

"人与生物圈计划"报告中指出：城市生态规划是要从自然生态和社会心理两个方面创造一种能充分融合技术和自然的人类活动的最优环境，诱发人的创造精神，提供高的物质和文化水平。

城市生态规划不同于传统的城市环境规划只考虑城市环境各组成要素及其关系，也不仅仅局限于将生态学原理应用于城市环境规划中，而是涉及城市规划的方方面面。城市生态规划致力于将生态学思想和原理渗透于城市规划的各个方面和部分，并使城市规划"生态化"。同时，城市生态规划在应用生态学的观点、原理、理论和方法的同时，不仅关注城市的自然生态，而且也关注城市的社会生态和经济生态。此外，城市生态规划不仅重视城市现今的生态关系和生态质量，还关注城市未来的生态关系和生态质量，关注城市生态系统的可持续发展，这些也正是生态城市建设的目的之所在。因此，城市生态规划理论应成为生态城市建设的理论依据之一。

据国外对生态城市可持续发展的研究显示，城市生态规划是运用系统分析手段，生态经济学知识和各种社会、自然、信息、经验，来规划、调节和改造城市各种复杂的系统关系，在城市现有的各种有利和不利条件下寻找扩大效益、减少风险的可行性对策所进行的规划。城市生态规划包括界定问题、辨识组分及其关系、适宜度分析、行为模拟、方案选择、可行性分析、运行跟踪及效果评审等步骤。

城市生态规划致力于城市各要素间生态关系的构建及维持，城市生态规划的目标强调城市生态平衡与生态发展，并认为城市现代化与城市可持续发展亦依赖于城市生态平衡与城市生态发展。

城市生态规划首先强调协调性，即强调经济、人口、资源、环境的协调发展，这是规划的核心所在；其次强调区域性，这是因为生态问题的发生、发展及解决都离不开一定区域，生态规划是以特定的区域为依据，设计人工化环境在区域内的布局和利用；最后强调层次性，城市生态系统是个庞大的网状、多级、多层次的大系统，从而决定其规划有明显的层次性。

（四）生态文明理论

生态文明城市是以物质文明、精神文明和生态文明为核心的综合文明的载体，是经济、政治和文化协调发展，生态环境和社会环境可持续发展，物质文明和精神文明同步发展的城市。生态文明城市中物质文明、精神文明和生态文明是和谐与统一的关系。生态文明是物质文明和精神文明的依托和条件，物质文明是生态文明和精神文明的基础和保障，精神文明是物质文明和生态文明的灵魂和核心。

生态文明与五百年前开始于西方的工业文明相比，虽然仅仅起始于20世纪末，但它一开始就是国际性的。人们正在用丰富的物质文明和精神文明建设经验，按照生态文明的要求来审视、规划和布局现代文明城市建设。生态文明不仅属于基础文明，也属于高度的社会文明范畴。它所产生的生态环境效益，是物质文明的内在要求和精神文明的本质体现。它既可以解决物质文明建设中所造成的资源枯竭、环境恶化、公害丛生等问题，又可以弥补精神文明建设中所欠缺的环境熏陶、美的感染、心灵净化和情感陶冶等问题，达到单一的物质文明或精神文明所达不到的效果，并在与前两个文明的交织、交汇和交融中形成鼎足而立之势。

生态城市的概念源于1971年10月联合国教科文组织发起的"MAB"（人与生物圈）计划。这种崭新的城市概念和发展模式一经提出就受到了全球的广泛关注，国际上生态城市的研究蓬勃发展，许多生态论著如麦克哈格（I.L.Mcharg）的《Design with Nature》、保罗·索勒瑞（Paolo Soleri）的《Areology，the City in the Image Man》、理查德·瑞吉斯特（Richard Register）的《Ecocity Berkeley——Building Cities for a Healthy Future》等的出版，以及生态城市国际会议的相继召开和世界各国建设生态城市的实践活动，都使生态城市的理论研究得到不断的丰富和完善。但至今为止，生态城市的理论和实践基本还处在研究和探索阶段，还没有公认的、确切的定义。

我国学者黄光宇教授等认为生态城市是根据生态学原理，综合研究"社会—经济—自然"复合生态系统，并应用生态工程、社会工程、系统工程等现代科学与技术手段而建设的社会、经济、自然可持续发展，居民满意，经济高效，生态良性循环的人类住区。

我国著名学者黄肇义、杨东援在总结国内外生态城市理论研究的基础上，结合最新的生态经济理论，提出了如下定义：生态城市是全球或区域生态系统中分享其公平承载能力份额的可持续系统。它是基于生态学原理建立的自然和谐、社会公平和经济高效的复合系统，更是具有自身人文特色的自然与人工协调、人与人之间和谐的理想人居环境。

我国学者沈清基教授认为生态城市是一个经济发达、社会繁荣、生态保护三者高度和谐，技术与自然达到充分融合，城市环境清洁、优美舒适，从而能最大限度地发挥人的创造力与生产力，并有利于促进城市文明程度的稳定、协调、持续发展的人工复合系统。

第二节　中国城市发展的生态化趋势分析

城市化是人类在历史长河中不断集聚资源、集聚财富、集聚能力的连续进程，是不断更新自己的生存方式与生产方式的连续进程。以城市数目增多、城市规模扩大、城市人口占总人口比例提高为特点的城市化进程是全球性的发展趋势。

20世纪末，城市人口占到全球人口的近50%。截至2021年，全球城市人口已经超过了42亿人，占全球总人口的55%左右。21世纪是"新的城市世纪"，全球城市化将继续推进，城市经济将逐渐成为每个国家最主要的支柱和最重要的竞争手段。同样，进入21世纪，对于处于历史变革和社会经济飞速发展时期的中国，城市作为各区域政治、经济和文化的中心，还将在改革和发展中处于重要地位。

城市作为我国政治、经济和人民文化生活的中心，始终是经济发展和制度创新的主力。改革开放以后，从沿海到内陆，城市一直都是改革开放的主战场。城市社会经济的飞速发展和城市功能的不断完善，对其周围地区的社会和经济发展产生了强大的辐射力和示范效应，有力地促进了整个地区的社会文明和经济繁荣。

一、当前城市发展面临的困难与挑战

纵观国内外城市化历程，中国的城市化是令世界瞩目的、规模最大的人地关系变化过程之一。这个过程一方面为人们积累财富创造了便利条件，另一方面也正在给人类的健康带来威胁。我国这样一个世界第一人口大国的城市系统，在变得越来越庞大的同时，也变得越来越脆弱，加上城市蔓延对城市生态支持系统的吞噬，环境胁迫效应进一步加剧，进一步发展面临许多问题：资源危机、环境污染、生态退化等。但是，由于经济社会发展的内在推动，以及各地追求经济增长的主观着力，全国推进城市化的热潮并没有因此降温。特别是在大城市快速发展论的影响下，我国的城市大体仍处在积极扩容之中。当然，人们对更加科学的发展思路和实现途径的探索也在同时展开。如何化解资源、环境、生态和人口矛盾，使城市能更加快速、健康、可持续地发展，成为当前乃至未来很长一段时期内需要积极摸索和探讨的重点。

（一）城市基础设施建设跟不上人口增长的需要

在传统计划经济体制下，我国实行工业，尤其是重工业优先发展的战略方针。重工业优先发展需要规模巨大的投资，在经济发展水平低下的情况下，发展重工业所需资金只能从抑制消费中取得。为实施赶超型工业化发展战略，以牺牲农业和抑制城市化正常发展为代价，采取"以农养工"的方针，用"剪刀差"等办法，从农村抽走资金，用于工业化建设。同时，传统计划经济体制通过行政投资分配机制，将大量资金投向重工业，以迅速形成工业生产能力，挤占城市建设和管理方面的投资。因此，地区城市基础设施建设长期受到严重制约。

城市化步入加速阶段后，特别是城市化战略成为国家战略之后，基础设施建设需要大量的资金投入，随着城市化的推进，这一领域的矛盾愈加突出。地区本来就严重欠缺的基础设施难以承负加速城市化带来的指数增长需求。20世纪末，国家投入大量的国债资金，弥补或提升城市基础设施水平，情况大为好转。但是，由于城市人口集中、工商业发达、活动强度大，交通拥挤、交通事故频繁还是没有得到根本缓解；建筑稠密，缺乏空地、阳光、绿地、新鲜空气的现象还十分严重；城市居住环境恶劣、周边支撑系统被破坏，使城市变成了传染病的发源地；城市医疗、卫生、电力、通信、供水、排水等许多公共服务设施不能满足市民要求。所以，虽然一方面基础设施建设高速发展，推进了城市化的步伐；但是另一方面基础设施建设的滞后又严重影响了人民群众生活水平的提高，这是我们不得不面对的现实。

（二）水资源短缺、城市供水紧张满足不了日益提高的生活质量需求

据国家统计，在全国600多座城市中，有近400座城市缺水，其中缺水严重的城市有110多个，全国城市每年缺水60亿立方米，日缺水量已超过1600万立方米。不少城市目前水资源开采量已超过可供水量。这相对于城市数量增长快，人口高度集中，经济高速发展，城市用水集中、量大的现状来说，矛盾显得尤为突出。这不仅给城市的工业发展带来阻碍，也给人民生活带来了极大不便。问题还不仅如此，水污染正进一步威胁着城市的用水安全。缺水城市中，城市的河湖水体已经是有河皆干、有水皆污的局面。水量和水质型资源紧张局势非常紧迫，甚至有可能成为我们进一步提高人民生活质量水平、实现全面社会主义现代化的资源瓶颈。

（三）城市环境污染使人们质疑城市繁荣的实现途径

城市人口集中、工业集中，在创造更多财富和繁荣的同时，也加剧了城市环境甚至是周边环境的污染，造成城市环境恶化的循环。离开了适宜的生存环境，人们的健康难以保证，创造多少财富都没有意义。因此，人们开始怀疑繁荣昌盛目标是否真的可以实现，如果不能从根本上解决城市环境污染问题，我们可能失去正确的发展方向。这些污染突出表现在水、土、气、声四个方面。

上面提到了城市水源污染问题，我国近一半的城市河段为五类地表水和污染程度已超过五类的劣Ⅴ类水水质，有些城市的水源地已经因为污染问题不得不退出水源地的地位。与此同时，地下水的污染也在全国大范围存在，地下水超采与地下水不同程度的污染并存，正威胁着城市的进一步发展和人民生活质量的进一步提高。目前，我国把土地供应作为宏观调控的两大闸门之一，足见我国土地之稀缺。城市化步入加速阶段将更加突显用地与供地之间的矛盾。然而，城市垃圾、工业和城市建筑工程排出的废渣和污水处理形

成的污泥不断堆积，一方面占用了城市的大量土地，影响城市的整体形象；另一方面一些有毒废物又造成大气、水和土壤的循环污染。

截至目前，我国城市空气质量恶化的趋势虽有所减缓，但整体污染水平仍较高。特别是随着机动化时代的到来，城市氮氧化物浓度长期处于较高水平，而总悬浮颗粒物（TSP）和可吸入颗粒物（PM10）都还将是影响城市空气质量的主要污染物。这些污染的治理如果离开城市周边支撑系统的生态恢复功能，仅仅靠技术进步是难以解决的。

城市噪声已成为现代城市环境污染的主要特征之一。据国家统计，在影响城市环境的各种噪声来源中，工业噪声比例占8%~10%；建筑施工噪声占5%左右；交通噪声比例接近30%；公共活动噪声影响面最广，已经达到城市范围的47%。

二、中国生态城市建设面临的困难与挑战

（一）法律法规的实际操作性有待提高

国家虽然制定了许多法律、法规，但是法律体系仍不完善，在环保方面、经济方面、行政方面的法律尤甚。环保标准过于超前，与实际情况不配套，又给实施带来了困难并严重影响了法律的权威。而且长期以来，我国政府部门和企业均倾向于"粗放型"增长方式，无论是传统经济体制时期，还是目前的经济体制，考核各级政府公职人员政绩的主要指标是各种数量指标，如产值多少、经济增长速度多少等，这种考核体系使各级政府公职人员擅长采用"粗放型"的增长方式。

行政部门的管理虽然有综合性的法律法规，但是一些法律法规在许多管理活动中衔接程度低，依据不配套，因此在实际操作中因缺少必要的法律依据而难以实施，或因法律法规过于原则化和抽象化，难以进行具体的操作。例如，政府在推动城市生态城市建设过程中，其建设和制度的发展，几乎没有任何社会评估机制和监督机制。在地方政府管理中，很多法律体系无法单独存在，更加影响了政府实施法律法规的可操作性，因此，现有的法规内容陈旧，缺乏可操作性，很难适应新时代的社会发展。

（二）经济体制的不完善

传统计划经济体制在一些方面依然存在不良影响，不利于资源的有效配置，使物不能尽其用，人不能尽其才，人为造成大量浪费。在发展市场经济后，由于经济体制改革的滞后和不完善，导致市场经济下人们为追求最大利益，重复建设、重复引进、滥砍伐、滥开采，经济增长是粗放、外延式的，代价是严重的污染，废物利用或处理十分有限。靠山吃山，靠水吃水，乱砍滥伐，围湖造田，使森林迅速减少，一些物种灭绝，生态遭到极大破坏。

（三）对生态城市建设的认识有待提升

生态的理念一经提出，大多数城市都趋向于改善城市面貌，建设生态城市、文化城市，然而，在生态城市建设过程中，一些管理人员热衷于创建一个城市的生产总值来证明城市经济的增长，因追求城市的快速转型而忽视了生态的本质。习近平同志在讲话中多次强调："既要金山银山，也要绿水青山；绿水金山就是金山银山。"这句话正是强调了自然生态系统的价值，也说明建设生态城市要基于自然发展。在当前生态建设过程中仍旧存在"人造风景""开山造景"的现象，这些做法看似符合现代化生态建设的理念，实际上却和生态保护、生态修复的做法背道而驰，造成严重的负面影响。因此在生态城市建设中，行政人员在生态发展理念的认识上急需转变传统的仅追求经济发展的错误观念。

还有一些部门行政人员将环境问题完全视为公众的事，对自身承担的环境保护职责了解不够，造成环保主体责任不落实，部分工作敷衍塞责、监管缺失，行政人员的环境意识和生态伦理水平直接影响着整个地区生态建设的未来。政府是生态城市建设的决策者，但是，在一些地区仍旧存在行政人员对生态方面的知识了解甚少或不够系统，对生态建设重视不够的现象。

（四）生态城市改造的成效有待于加强

生态城市的建设涵盖了广泛的产业结构、循环经济、土地利用、森林生态系统保护、综合环境治理、风险防范等，城市建设工作推进难度较大。因此，在一定程度上影响了生态城市的建设成效，尚未达到生态城市建设的标准。

在政府推动作用下，生态城市的建设仍要从社会生态、自然生态、经济生态三个方面考虑。满足居民的各种物质和精神方面的需求，保护和合理利用一切自然资源和能源，提高资源的再生和利用，实现资源的高效利用。以一些主题公园为例，针对废弃铁路以及火车的改造，并对周围环境进行绿化，为促进生态城市的建设做足了准备，也给广大居民带来了很好的娱乐体验，但是一些游玩设施长期使用难免会有损坏或者氧化现象，还有公园生态环境的维护、林木的后续保养缺乏保障，需要投入大量的人力物力财力，但是没有明确的单位部门承担责任等。终其原因是和政府配套的机制体制较落后，行政人员职权分配不对等，管理机构职能较分散等是分不开的。

（五）居民参与城市建设的主动性不强

有些居民对生态城市建设的参与度不是很高，参与热情也没有很高涨。政府行政人员在生态城市建设各方面的宣传工作很难做到全覆盖，生态城市建设的教育工作还不够细致，再加上居民受传统思维的限制，导致生态意识水平还不是很高。

一些居民认为生态保护是政府的责任，他们不担心环境退化，不担心资源短缺，或者暂时不用担心环境问题给国家、社会等带来的负面影响。但是，生态城市的建设好不好，最终还是取决于居民的体验及评价，实际上对于生态城市建设的参与者应该是城市中的"60后"到"00后"，因为他们是这座城市的中坚力量。由于我国多年的教育观念在生态和环境保护方面还比较落后，社会的主要工作者"60后""70后"甚至有些"80后"群体，大多数人没有接受过生态、环境保护等方面的系统教育，从而也致使群众主观上生态素质偏低，阻碍了生态城市的建设。

三、中国生态城市建设的基本原则

（一）人与自然和平共处、协调发展

工业文明赋予人类巨大的改造自然的力量，激发了人类战胜自然、主宰自然和统治自然的豪情壮志。德国哲学家康德提出"人是自然的最高立法者"，表明了人类的"反自然"立场。人类按自身主体性的标准探索和改造自然环境，用自己的目的和计划构成一种作用于自然的人为方式，在确立人类中心主义原则的同时，也割裂了人与自然的和谐，使人类自身遭到了自然

界频繁的报复。生态文明从实现人的全面、自由发展和社会、经济与环境的可持续发展出发，通过提高人的生存质量以及自然环境与人类社会的全面优化，谋求人与自然的协调发展。

（二）社会物质生产生态化

工业文明认为自然是取之不尽、用之不竭的能源仓库，把90%以上的经济活动建立在对不可再生资源和能源的高消耗上，根本不考虑能源的节约与增值问题；同时，还把大自然的自净能力看成是无限的，为减低成本、实现高速的经济增长，将废水、废气、废渣不做任何处理直接向大自然倾泻，导致了今天的能源枯竭、环境恶化和耕地减少等危机，使原本生机盎然的地球出现了温室效应、土地沙漠化、水土流失、森林减少、臭氧层空洞、水资源不足、空气污染、酸雨日增以及生物物种加速灭绝等现象。生态文明是谋求社会、经济、自然的协调，是谋求人与环境的共同发展，这就决定了生态文明不仅要实现经济增长目标，更要实现提高生态质量的目标。

因而生态文明要求城市发展必须从保护环境出发，实现社会物质生产生态化。所谓社会物质生产生态化，就是要求人们把现代科学技术成果与传统工、农业技术的精华结合起来，建立具有生态合理性的社会物质生产体系，使资源的消耗速度不超过替代资源的开发速度，实现资源的循环或重复利用，将污染物的排放量控制在自然系统自我净化能力的范围之内。目前提出的绿色食品、绿色科技、绿色设计、绿色生产、绿色包装以及无公害技术等概念，都是社会物质生产生态化的体现。

（三）消费趋向文明

在传统经济发展模式的指导下，人们狂热追求经济的高速增长，把GDP（国内生产总值）作为衡量经济发展的唯一标准，忽视了自然界的其他价值，尤其是生态价值，使得资源消耗和环境破坏被置于生产成本之外，导致资源消耗程度、环境污染程度与GDP（国内生产总值）同步增长。不真实的利润也孕育了工业社会的经济功利主义。大多数人抵挡不住物质的诱惑，痴迷物质享受，为个人、社会乃至全人类的可持续发展增加了沉重的负担。

生态文明要求人们在生态城市建设过程中改变传统消费模式，代之以提高人类生活质量为中心的适度消费，要求人类消费既符合物质生产发展水平，又符合生态生产发展水平；既满足人类消费需求，又不会对生态环境造成危害，促使人们消费行为朝着有利于环境和资源保护、有利于生态平衡方向演变。

四、生态城市是中国城市发展的理想方式

正确的城市发展观念和建设方针，是解决城市环境问题的前提，这适用于世界上所有城市，我国自然也不能例外。

生态城市这一概念是在联合国教科文组织（UNESCO）发起的"人与生物圈（MAB）计划"研究过程中提出的。简而言之，生态城市就是与生态文明时代相适应的人类社会生活新的空间组织形式，即为一定地域空间内人与自然系统和谐、持续发展的人类居住区，是人类居住区（城乡）发展的高级阶段、高级形式。

建设生态城市，使得经济发达、社会繁荣、生态环境保护三者高度和谐，技术和自然达到充分融合，环境清洁、优美、舒适，从而能最大限度地发挥人的创造力与生产力，这必将有利于促进城市文明程度的稳定、协调、持续发展。建设生态城市是遵循城市发展规律、顺应时代潮流的战略选择，是转变经济增长方式、推动区域经济可持续发展的客观需要，是保持和增强资源环境优势、提高城市竞争力的重要途径，也是提高人民生活质量、促进社会文明进步、体现科学发展观的必然要求。

改革开放以来，我国的许多城市以经济建设为中心，大力推进改革，实行全方位开放，国民经济持续、快速发展，积累了一定的物质基础，为生态城市建设的到来提供了必要的条件。许多城市在生态城市建设实践中也迈出了坚定的步伐，非常重视城市生态环境的改善和城市可持续发展能力的增强。然而我们也必须看到，生态城市建设在我国还刚刚起步，可供借鉴的成功经验不是很多，并且不同的城市基础条件需要与之相适应的特定发展模式。因此，研究城市发展规律，探索城市生态思想发展轨迹，总结生态城市建设的经验，对加快我国生态城市建设步伐将大有裨益。

第三节　西部生态城市建设的具体途径

西部生态城市建设是一个长期的、艰难的和必然的过程。根据我国西部地区和城市发展的经验教训，并结合我国西部地区和城市的现实状况和条件，在我国"西部大开发"的环境下，我们可以提出如下的西部生态城市建设思路和对策。

一、优化城市规划，稳固发展基础

西部大开发不可能采取天女散花式的平铺开发和发展，必须以城市为中心，城市之间以发达的交通连接。若不采取这种措施，就不可能建设生态城市也不可能实现西部大开发的长远战略目标。西部生态城市建设可以分别以西南、西北为地区，确定几个中心城市作为"发展极"，发展以城市为中心的"生态城市圈区域经济"。西南地区以南宁、昆明为中心北连湘西地区的怀化，南到广西的北海，东西可分别发展广西柳州、西藏拉萨。西北地区不同于西南地区，其应发展一条城市线：乌鲁木齐—兰州—西宁—包头—呼和浩特，以大城市为依托，加强中小城市的发展，发挥其聚集和扩散作用，真正带动整个西北生态城市的发展。当然其中包括很多方面：城市规划的空间结构布局合理、城市规划与区域经济的发展协调、城市规划与周围环境的协调等，以追求整个城市经济、社会和生态环境的最佳效益。

就西部某个具体的城市发展应该特别注意，生态城市的发展要合理定位，强化城市的特点和分工。如西北地区的兰州作为一座具有2000多年悠久历史文化的城市，是黄河上游的一颗明珠，而且其因古丝绸之路的原因，具有了众多的名胜古迹和灿烂文化，成为横跨2000千米，连接敦煌莫高窟、天水麦积山、永靖炳灵寺等著名景点的中心。因此兰州应该发挥其作为文化中心、丝绸之路中心和我国通往中亚、西亚、中东、欧洲的重要通道，以历史文化为基础和依托，最大限度地发挥文化和地理位置的优势，带动和提升城市文化品位，构建和谐的生态城市。再如西南地区的昆明是国际著名的旅游城市，国家级的旅游度假区和国务院首批公布的中国优秀旅游城市之一。昆明历史悠久、古迹众多，风景秀丽、名胜无数，资源丰富、物产众多，人文荟萃、名流无数。因此昆明应该发挥其自然、人文的优势，创建以生态旅游为中心的国际生态城市。因此生态城市功能、规模定位非常重要，我们应该注意其在区域中的发展方向，要承前继后，找准位置，更应该充分地利用历史文化资源，依托区域经济基础，把握周边城市发展态势，形成具有一定历史文化和功能特色的生态城市，达到生态城市有序稳定高效发展的目的，使西部生态城市达到一个整体和谐的状态。

二、改善生态环境，注重持续发展

西部地区有世界著名的大江大河的源头，这样独特的自然环境造成了脆弱的生态环境。这些地区建设的好坏直接关系到我国自然生态环境的改善和生存环境的保持。如果其自然生态环境恶化，不仅会极大地制约西部地区城市经济和社会的发展，而且会对全中华民族的生存和发展构成严重威胁。因此，在实施生态城市发展的战略中将城市的自然生态环境治理和改善作为根本点和切入点是必然的选择。具体来说，主要体现在以下几个方面。

（一）城市资源系统

1. 城市水资源

针对西部地区许多城市缺水的现实，要立足于当地自有水资源条件，加快城市供水、污水处理与回用以及雨、洪收集设施建设，保障城市经济发展和居民生活正常的用水需求。这就要求加强城市给排水管网改造；加大先进适用的节水技术、工艺、设备的推广普及力度，提高城市用水效率；积极开发适合西部地区地貌条件和气候特点的城市雨、洪水收集利用系统；以实现污水资源化为方向、加快城市污水处理和污水回用设施建设步伐；加强城市水源地保护工作，并合理调配水资源，实施跨区域引水工程，缓解城市水资源紧缺的矛盾，保障城市供水安全。

2. 城市其他能源

加快发展城市燃气和城市供热，优化能源结构，促进建筑节能，提高城市居民居住生活质量。应加快对现有公共建筑和居民住宅门窗、墙体的节能改造和采暖系统技术改造，提高建筑保温隔热性能和采暖热能利用效率，降低供热能耗；提高城市燃气管道供气普及率，建成与天然气兼容的液化气石油管网工程及配套设施，特别要积极开发利用风能、太阳能、地热等利用新能源的供热采暖系统和生活用能设施，扩大清洁能源和可再生能源利用比例，优化能源消费结构；加大集中供热、联片并网改造推进力度；建立有效的能源监测、预警和应急机制，为科学地评估能源形势提供保障。

（二）城市基础设施系统

1. 城市道路设施

加强城市更新、改造，加快道路、桥梁设施的建设，形成布局合理的路网结构。加快城市交通走廊和交通枢纽建设，引导城市空间结构形态和土地利用的合理发展，促进城市道路交通与土地利用相互协调发展；适度扩大城市道路设施供给，着重调整路网结构，提高次干道和支路网比重，充分发挥城市道路网系统的整体效能；科学配置静态交通设施，重点加快居住地停车设施和工作地停车设施的建设，同时注重公交换乘（包括轨道交通换乘）停车设施建设；大力推进城市交通、管理基础设施建设。

2. 城市通讯设施

建设高效、完备的通信系统。目前，城市通信种类增多，信息量大而快，需要扩大广播电视台站的频道、节目制作数量，提高电信的电话普及率、接通率，扩展电信业务种类，提高移动通信的覆盖率和通话质量。同时需要加强广播电视台站，电信局所的容量、功率，并且合理布局有安全可靠的通信网络系统。尤其应加快居住区的智能生活服务、物业管理等方面的建设。交通和通信是城市和区域实现人流、物流、资金流、信息流等经济要素有机运行的基础和条件，是提高经济效率，改善生活环境，实现文化交流的保障，可见交通和通信的重要性。交通运输、通信等基础设施的建设还有利于产业在城市的集中，有利于中心城市的发展。交通、通信等基础设施的落后，是制约西部区域和城市社会经济发展的重要原因，因此有人提出"西部发展，交通要先行"或"西部发展，基础设施要先行"。

（三）城市绿化和污染处理系统

1. 绿化建设

抓好城市绿化工程建设、城市生物多样性的保护，以城市绿化、公共绿地和城市道路、河道两侧绿化建设为重点，建设面、线、点相结合的城市绿地系统。在城市绿地布局上，加强城市周边地区绿化隔离带的建设，尽快形成完整的城市外围保护绿带，防范和减少风沙的侵袭和危害；加强城市水源地的生态绿地建设和保护，努力增强水源涵养能力，遏制水土流失加剧；对公园、绿化带等绿地的建设和自然风景的保护，确保一定比例的公共绿地和生态用地；在绿化建设的植物种植结构上，应优先考虑城市绿化建设的生态效益，兼顾景观效益。重点培育适宜西部地区干旱气候条件的植物品种，大力发展节水型绿化，加强城市风景名胜区基础设施建设和世界遗产地的保护。

2. 污染处理建设

在我国由于实行了污染物总量控制、工业污染源达标排放、城市环境综合整治等措施，西部城市的某些环境指标得到了相应的改善，并且由于环保投资比例的显著增加，生态建设日益受到关注，环境治理取得了一定的成绩。在生态脆弱的地区，如"世界屋脊""江河源头"等地区要特别注意对污染控制主要采取从源头上控制污染，而不是末端治理措施，因为末端治理的结果仅使得环境污染不加剧，甚至出现治理速度远远比不上污染的速度。造成了生态费用成本提高，而且达不到治本的目的。

三、优化经济条件，夯实物质基础

西部生态城市经济条件的改善就是以系统和生态理论为理论基础，即以系统的整体观点和生态控制理论、生态创新理论为指导，充分发挥区域生态经济系统的整体功能，以区域经济可持续发展为目的，将西部城市区域经济，建设成生态经济产业区，进而形成生态意识浓厚的生态农业、生态工业、生态服务业相统一的生态经济城市，实现整个国民经济的生态化发展。

（一）生态农业

生态农业是运用生态学原理和系统科学方法，以维护人的身心健康为宗旨，兼顾经济效益和生态效益，良性循环的一种现代化的农业发展模式，它是对传统工业化农业的扬弃。传统工业化农业是依靠于农业生态系统的自然生长和更新，施用无机肥料，整个系统的利用率低，有毒物残留率高。而生态农业是一种运用现代农业理论，吸收当代农业的科技优秀成果，施用有机肥料，强调抗病虫害的品种，实行轮作和间作，施用天然药剂等，生态农业也称为有机农业。西部城市要发展生态型农业，生产绿色食品，发展特色农业、高效农业。要改变粗放的农业经营模式，应发展农产品的深加工业，形成农户加公司的模式，推进农业的规模化区域性开发，实现农业资源的循环利用，促进农业的可持续发展。在东西部地区之间通过合理的组合配置，可以在农业方面形成互补的关系，西部地区可以成为东部地区特殊农产品的供给基地，同样东部地区也可以成为西部地区某些农产品的供应地。西部地区有特殊的植被资源，比如甘草、麻黄草、冬虫夏草、发菜、雪莲花、肉苁蓉等。这些资源有巨大的需求市场，但是由于缺乏有组织的规模化种植开发利用，导致人们无组织地乱挖滥采，既耗费了资源，又破坏了生态环境。

生态农业在节能减排方面效果出众。例如：作为青海省规模最大的现代化奶牛养殖项目，在西宁市湟中区西堡镇生态奶牛养殖基地，生态农业的科技感无处不在。为了导入生态环保理念，该项目在布局设计上，采用先进的粪污处理工艺，利用分子膜发酵技术变废为宝，实现"牧草—奶牛—有机肥—牧草"的有机循环，发展零排放的绿色生态模式，从根本上解决了粪便污染问题。同时，项目还实施了屋顶分布式光伏发电、清洁能源供暖项目，通过绿色能源为主体的新型电力采暖系统，实现了牛棚的集恒温、恒湿、通风、清洗、视频监控等功能为一体。单单一个空气源热泵供暖系统的运行，全年就可节约用电量400万千瓦时，节省电费120万元以上。这模式达到了生产和生态的有机统一。

（二）生态工业

生态工业是依据生态经济学原理，以节约资源、清洁生产和废弃物多层次循环利用等为特征，以现代科学技术为依托，运用生态规律、经济规律和系统工程的方法经营和管理的一种综合工业发展模式。生态工业追求的是系统内各生产过程从原料、中间产物、产品到废物的物质循环，达到资源、能源、投资的最优利用，以实现区域工业经济生态化。西部城市各具特色，应该依托自己的实际情况建立自己的生态工业系统。现以青海为例具体说明。

青海地处我国西北部的青藏高原，国土总面积72.23多万平方千米，东西长1200多千米，南北宽800多千米，土地总面积居全国各省（区）第四位，与新疆、甘肃、四川、西藏四省区毗邻。青海尽管地域辽阔，但由于山地多，荒漠、沼泽、冰川、碱滩遍布，难以利用的土地面积大，耕地面积仅占总面积的0.76%，可利用草场占56.2%，有林地面积占3.71%，适宜各类生态产业协调发展、专业化分工布局的土地并不多。因此青海城市生态经济的发展应该立足比较优势：一是突出钾盐开发与镁、锂、锶、硼等资源综合开发利用相结合的生态盐化工产业链；二是重视水电资源开发与有色、冶金工业相结合的电力生态工业产业链；三是提升石油、天然气的勘探、开发和加工利用相结合的油气开采—油气化工生态化产业链；四是培育高原生物资源的保护、种养与加工增值相结合的生态农业和以中藏药、绿色食品、生物制品为主的生物资源开发利用生态产业链。如医药工业要充分发挥丰富的高原中藏药资源优势，应重点发展治疗心脑血管疾病、肝炎、风湿类疾病的系列药品及各类保健药品。因地制宜开展中藏药用动植物资源的繁育和种植，逐步把青海建成全国较大的中藏药材生产和加工基地。总之，青海在建立区域生态经济的同时，应对初始原料（如矿产）进行综合开发利用，对生产过程中非消耗性物料的循环利用以及对工业进行技术改造；在产业生产中要采用生态工艺、物料的闭路循环和多极利用的方法与"无废料化设备"，实行废物的能源化、资源化，实现"三废零排放"，进而形成资源加工链。如"自然资源—初级加工品—次级加工品—次级深加工品—高级深加工品—最终产品—人类消费—微生物分解物—自然资源—利用资源"等加工链的延伸，实现物质的充分利用和价值增值。

（三）生态第三产业

西部地区具有多种独特的地形地貌、植物植被，最特别的一点是西部地区还具有独特的文化、历史遗迹，有众多的少数民族、风格各异的民风民俗、风土人情、民族文化等，是发展第三产业中的旅游业最好的人文与自然资源。对于西部城市来说，第三产业生态化实现的核心在于发展旅游业，重视旅游业在生态经济发展中应有的重要地位，按照统筹规划、突出特点、分步开发的原则，突出西部国家级风景名胜区、宗教圣地、人文旅游带、以及土乡民族风情园等景区景点开发与建设，完善配套设施，加强重要旅游资源的宣传力度，积极开发旅游产品等。

在较长时期内，西部的诸多区域对生态经济发展思想认识不足，价值观念滞后，生态意识淡薄，不仅影响生态产业的建立，而且妨碍了区域生态经济的建设。要想使区域经济形成真正的生态经济，在管理和服务等方面必须做到生态化管理和服务，即形成生态信息业和生态服务业；在产业发展战略选择、管理立法、产业园区的建设、布局、生产技术改造、管理实践等方面贯穿生态化思想，在生产过程、制度建设、思维观念等环节规范人们的环境行为，提倡环境道德、增强环境意识、创造环境文化，为使区域形成可持续发展的经济打下良好的环境基础；在生态产业建设中，从设计到生产、流通、销售的全过程都要贯穿生态观念，强调生态效益，为建立"循环经济"树立良好的形象。另外，建设生态产业教育、培训、科研交流中心和生态产业信息交流中心，建立生态产业科技成果转化示范中心、人才技术交流中心、生态科技实验示范中心和产业信息服务中心，一方面可为区域生态产业经济的形成提供信息服务，另一方面也是对外交流的一个重要窗口，以此扩大区域生态产业在国内、国际生态产业界的影响。

第三产业的生态化发展应考量当地的特有环境，因地制宜。如在青海省，应该突出青海湖国家级风景名胜区、塔尔寺藏传佛教圣地、黄河碧水丹山旅游带、江河源生态旅游区、昆仑文化旅游区、互助北山国家级森林公园及土乡民族风情园等景区景点开发与建设，完善配套设施，加强重要旅游资源的宣传力度，积极开发旅游产品，创建青海湖、江河源、塔尔寺三个王牌景点，逐步丰富以西宁为中心的环青海湖、唐番古道藏传佛教朝圣、世界屋脊探险、江河源头生态旅游等五条黄金旅游线的内涵，把青海逐步建成全国著名的生态、避暑、宗教文化和民族风情旅游基地。

四、倡导生态理念，营造社会氛围

建设生态城市不仅仅是政府的事，也不仅仅是学术界的事，它应该是整个社会的事情，西部生态城市的建设要求全社会具有良好的社会文化氛围，包括科学的世界观和自然观，高尚的价值观和道德品质，完备的现代科技知识体系，健康的身体和心理状态等，要达到这一点需要从多方面着手，而且需要长期的过程。

（一）良好的社会舆论和意识

城市和社会的正常运行和发展要有一定良好的社会公共舆论和意识来支撑。托马斯·亨利·赫胥黎（Thomas Henry Huxley）曾经说过，对人们反社会行为的最大的约束力，不是人们对法律的畏惧，而是他对周围同伙舆论的畏惧。事实上，当一个城市的大多数居民都能按照规范的行为处理日常事务或者相互关系时，个别不良的现象就会受到很强的约束。以此可见社会舆论的重要性。良好的生态舆论可以造就良好的生态意识，当然生态意识反过来又影响生态舆论。两者相辅相成是一个城市发展的强大的、持久的动力。

（二）良好的教育和生活方式

城市的发展离不开教育的作用。教育是文化软实力的一种实践载体和表现内容，是建设我国文化软实力的重要生命线。教育对当地发展也起着至关重要的作用，它不仅可以提高当地居民的技能和知识水平，还可以促进当地社区和整个社会的发展。我们可以很确切地说，教育是一切资源中最重要的资源。

生态城市的教育事业不仅仅局限于学校教育，而应该是一种综合的全面的教育方式。"综合"是指学校的正规教育加上社会的舆论感染和家庭教育相结合的一种教育，使得每个青少年从小受到良好的教育培训，培养他们的爱国爱民、遵纪守法、崇尚科学、自由民主和公共道德意识。"全面"是指不仅有正常的教育体系，而且要有职业教育、技术教育等形式，为市民提供广泛的受培训的机会。良好的生活方式对城市的发展也是很重要的。教育的重要目的之一就是良好的生活方式。生活方式包括物质生活方式和精神生活方式，前者取决于经济的发展，后者取决于教育。良好的生活方式使得人们能够在物质日渐富足的当下保持一个良好的心理。良好的生活方式的建设不仅可以改善人和自然环境，更重要的是可以创造更好的环境，不仅体现社会的价值取向、伦理道德，还决定着社会发展的方向和意义。

五、完善法律规章，强化制度保障

西部生态城市建设是一项具有极强的社会公益性的长远事业。因此，要注重西部地区立法的道德基础与环境教育，突出立法的科学性与民主性，激发和调动全社会广泛参与的积极性。要高度重视城市环境的规划、设计，并以法律、行政、经济等手段促进城市产业的生态化转换；同时，加大有关生态城市法律、法规的执法力度，并逐步完善相关立法。普及和增强公众的生态意识是生态城市建设的关键环节。要加大宣传教育的力度，增强市民的环境意识、生态意识。环境教育是环境科学、环境法律和环境伦理教育的综合体，要构建面向全民终生的环境教育体系，要通过刚性的生态城市建设法制与柔性的环境教育的良性互动实现生态城市建设的法治化，强有力地保障生态城市建设活动的顺利进行。

（一）注重立法的道德基础与环境教育

道德与法律，二者具有相互影响、相互渗透、相互补充和相互促进的辩证关系。实践证明，将环境道德和环境法制有机结合，对于倡导环境道德和实现环境法制具有重大作用。环境道德的兴起和发展成为推动环境法发展的重要力量，环境伦理的构建促使作为行为主体的人类更多地认识到其对自然的权利和责任，从而促进人类政治、法律和道德方面的变革。从道德对法律的影响看，环境道德对环境法最显著的影响表现在环境立法上，环境道德给环境立法提供了有力的伦理支持，道德规范不断上升为法律规范，出现了环境道德的法律化和环境法的道德化现象。

从法律对道德的影响看，法律是最低限度的道德要求，环境法制的完善，有助于提高法律关系主体的生态环境意识和守法观念，推行绿色消费模式，促进环境质量监测与监督管理，强化生态城市建设和城市生态化发展过程中包括企业、政府和公众在内的全社会行为主体的生态环境保护责任，促进城市产业的生态化转换，发展包括生态农业、工业、服务业在内的生态经济，推动循环经济社会和生态文明社会的建立。所以，"徒善不足以为政，徒法不足以自行"是生态城市建设立法的"合法性"与"道德性"的统一，必然有力地保障生态城市建设活动的顺利进行。良好的环境道德风尚是保护生态环境、促进环境法治建设和实现可持续发展的根本途径。《中国21世纪议程》将"建立与自然相互和谐的新行为规范"即环境道德，作为21世纪国民道德建设的重要内容和任务。我国的环境教育包括基础环境教育、专业环境教育、成人环境教育和社会环境教育四类。全国许多中小学和环保、教育部门积极行动，通过创建"绿色学校"，促进了环境保护和可持续发展意识的传播。保护环境，在全社会形成可持续发展的价值共识，是推动可持续发展战略的关键。生态城市的建设主要由物质建设和精神建设两个方面组成；同时，离不开环境道德、生态文化、生态文明的建设。我们应该始终将生态道德建设放在突出的地位，加强环境宣传教育，用各种方式引导人们保护环境、改善生态、热爱自然、合理利用资源，自觉地将环保意识和行动融入生态城市建设之中。

目前，可持续发展战略已贯穿于我国社会经济发展的各个领域，环境保护方式不断创新，环境管理手段日趋多样化，除了行政、法律、经济等硬手段外，道德感召、舆论压力、环境教育等软手段正起着越来越重要的作用。可持续发展的关键问题是生态环境保护，而环境保护大计，应以环境教育为本。在生态城市建设过程中，通过加快环境教育体系的建设，将政府、社会组织、企业、公众等力量加以整合，使推动可持续发展的力量由政府主导型向社会主导型、由外部推动型向内部自主型转变，最终真正促进我国社会经济环境的可持续发展。这是一项紧迫而重大的现实任务。我国应投入20～30年的时间，在全社会开展深入持久的绿色文明教育，加强包括生态文明在内的精神文明建设，多层次、宽领域、多形式培养全民生态意识、生态伦理和社会公德，改变不可持续的生产、生活和消费模式，激发社会公众主体自主推动可持续发展战略的实施。从学校教育、职业教育和社区教育三方面建构全民终生绿色教育体系，对不同年龄、职业、层次的人员广泛、深入、持久地开展环境教育，通过教育改变"经济靠市场，环保靠政府"的现状，充分发挥全社会主体进行生态环境保护和建设的巨大潜力。

（二）促进立法的科学化与民主化

《中华人民共和国立法法》（以下简称《立法法》）第一章第七条规定："立法应当从实际出发，适应经济社会发展和全面深化改革的要求，科学合理地规定公民、法人和其他组织的权利与义务、国家机关的权力与责任。"生态城市建设的科学性决定了建设生态城市必须遵循经济社会发展规律和自然生态规律，科学地确立生态城市建设的目标。生态城市建设应以城市整体环境优化为目标，参照国内外生态城市建设的经验，结合城市经济承受能力、社会发展状况和整体环境状况，制定科学、合理、切实可行的生态城市建设指标体系，作为生态城市规划与建设的主要依据。只有通过具有前瞻性的科学立法，将这些客观规律提升为具有法律效力的行为准则，构建符合城市生态化发展要求的法律法规综合体系，才能引导、推动、激励人们自觉地进行生态化建设。在制订生态建设立法计划时，应该通过全面调查论证，针对生态城市建设的特点和薄弱环节，确定法治建设的重点领域，确定地方相关立法的重点领域和优先顺序，科学制定相关法律、规章和制度。例如，建设生态城市的一个重要任务是发展生态产业，要通过科学立法，从政策、税收等方面对绿色产业予以扶植，借鉴国内外的环保补贴、税率优惠、奖励等有效做法，集中资金和技术力量积极支持本地的生态产业的发展。

就城市规划而言，鉴于规划在指导城市建设管理、促进城市可持续发展中具有龙头作用，应考虑进一步增强规划的民主性与科学性，从规划的制订、调整到执行，向市民公开，广泛征求意见，争取广大市民的参与和监督；同时，抓好对重大基本建设项目的决策。重大基本建设项目，对城市环境影响大，事关城市环境与经济的协调发展。为避免决策的盲目性，地方人大应将其纳入重大事项范畴，行使表决权，保护城市环境资源，维护市民利益。城市建设必然要对资源进行开发利用，但这种开发利用应以有利于长远发展，至少以不危及后代人利益为前提。因此，应把保护城市环境资源作为促进城市可持续发展而进行监督的重点，建立地方人大和群众的参与监督机制。这方面的监督内容主要包括治理污染、节约土地、保护城市生态和历史文化遗迹等。

我国要从当前的城市模式转向生态城市的构建是一个长期的可持续发展战略，需要几代人的努力，公众参与是实现城市可持续发展的关键环节。同时，城市生态化的建设思路、原则及其相应法律法规制度的创建与实施是使生态城市建设真正超越传统发展模式的根本保障。所以，要充分认识加强法治建设的重要意义和作用，依法规范生态城市的建设活动，促进立法的科学化与民主化，形成生态城市建设的良好社会秩序，有力保障、推进生态城市的建设。

（三）促进生态城市建设的法治化

法治是与人治相对立的治国方式，表明法律调整社会生活的广泛性、正当性和权威性。"法制"与"法治"仅一字之差，但法制侧重法律制度的形式化方面，法制是法治的前提，法制没有实质意义上的法律主治的内容。关于法治思想的经典论述有：古希腊亚里士多德的"已成立的法律获得普遍的服从，而大家服从的法律又应该是良好的法律"；英国的"法的统治"；美国潘恩的"在民主国家里，法律便是国王"。古今中外的实践证明，实行法治是形成最富于权威和最有效的社会秩序而必须具备的基本条件和根本保障。从法的运行角度看，立法是法治的重要内容，创建完备而完善的法律是推行法治建设的必要前提和重要基础，建设社会主义法治国家应高度重视立法工作。目前，在以法律手段促进可持续发展方面，我国法律生态化趋势日益明显。例如，为了实现人口与经济、社会、资源、环境的协调发展，我国实施了《中华人民共和国人口与计划生育法》，将为以人为本的可持续发展营造一个更好的人口环境；在推行清洁生产方面，我国实施了《中华人民共和国清洁生产促进法》，对企业防治污染实施全程监控；在环境影响评价方面，我国实施了《中华人民共和国环境影响评价法》，从源头上预防因规划和建设项目的实施对环境造成的不良影响。作为可持续发展战略的重要组成部分，生态城市建设是由公众发挥主观能动性进行的一种活动，要使这种活动有序、高效地开展，就必须发挥法律作为一种普遍适用的、有约束力的社会规范对人们活动所产生的指引、评价、预测、强制和教育的功能。

生态城市建设的长期性需要法治，法律的稳定性使生态城市建设得以法定化、制度化地运行，如果制度缺乏稳定性、统一性和连续性，就难以建设生态城市。因此，要提高对生态城市建设法治化重要性的认识。

作为一个缺乏法治传统的发展中国家，改变法制不完善与执法不严格的现状对我国是一项长期的艰巨任务。如果生态城市建设的相关法律得不到贯彻执行，必然削弱人们对法律的信仰及其法治意识。法治是现代文明的重要体现，立法必然在生态城市建设中发挥重要的保障力量。实践证明，制定得再好的法律如果得不到有效实施，会极大地影响法律在社会中的权威性并削弱公众的法治意识。促进生态城市建设的法治化，既要创建科学的保障生态城市建设的法律体系，更要强调民主和法律的权威，严格执法，形成良好的法治氛围和环境道德风尚。随着我国的经济发展与科技进步，公众对生活质量的要求不断提高，我国的环境立法正在不断完善，法律责任不断强化，法律的可操作性和执法力度逐步增强，环境标准将日趋严格，生态环境质量将逐步改善。

　　生态文明城市是以物质文明、精神文明和生态文明为核心的综合文明的载体，是经济、政治和文化协调发展，生态环境和社会环境可持续发展，物质文明和精神文明同步发展的城市。生态文明城市中物质文明、精神文明和生态文明是和谐与统一的关系。生态文明是物质文明和精神文明的依托和条件，物质文明是生态文明和精神文明的基础和保障，精神文明是物质文明和生态文明的灵魂和核心。

　　生态文明是绿色的象征，是生命的象征。在经济发展的现阶段，倡导生态文明，建设生态城市，是经济社会持续发展的基本要求。尤其是国家正在大力进行西部开发的今天，西部地区的城市建设更应吸取和借鉴国际社会和我国东部沿海地区城市发展的经验和教训，在生态城市建设过程中处理好经济建设、人口增长与资源利用、生态环境保护的关系，实现以最小的资源环境谋求经济、社会最大限度的发展，推动整个社会走上生产发展、生活富裕、生态良好的文明发展道路。生态城市建设是进行和谐社会建设的重大课题。

第六章　打造特色旅游，促进可持续发展

第一节　旅游与特色旅游资源

一、旅游

旅游是结合自己的喜好，主动挖掘尚未熟知的地区作为目的地，通过观光、品尝美食、感受当地风俗习惯等方式获得独特的体验。旅游是一种情绪消费，远离居住地的旅游愈发成为人们舒缓心境、重获力量的重要选择。旅游赋予了身心新能力、新视角、新体会。旅游是综合性产业，带动性强，新时代旅游已成为了人们的学习方式、成长方式和生活方式，是促进文化保护、传承、传播的重要渠道之一。

"旅"是旅行、外出，即为了实现某一目的而在空间上从甲地到乙地的行进过程；"游"是外出游览、观光、娱乐，即为达到"旅"这一目的所作的行为。二者合起来即为旅游。所以，旅行偏重于行，而旅游不但有"行"，且更偏重于观光、娱乐。

旅游业是一个以资源为基础的产业，是一个对自然禀赋和社会遗赠依赖最强的产业。目前，我国已成为世界第一大国内旅游国。2021年旅游市场呈现积极复苏态势，国内旅游者出游32.46亿人次，比2020年增长12.8%。其中，城镇旅游者国内出游23.42亿人次，增长13.4%；农村旅游者国内出游9.04亿人次，增长11.1%。2022年全年国内旅游者出游达25.3亿人次，国内旅游收入达20 444亿元。

二、特色旅游

（一）特色旅游的特点

1. 主题性

特色旅游是具有某种特定主题的旅游活动，这一特点是特色旅游吸引旅游者的重要手段。没有了主题，也就没有了旅游活动的中心内容，也就没有了特色。

2. 参与性

一些旅游活动往往强调或鼓励旅游者积极参与，以追求富有个性的旅游体验。

3. 多样性

多样性包括旅游方式的多样化、旅游内容的多样化、旅游目的的多样化。旅游形式的多样化体现在自行车游、徒步游、自驾游、航海游等；旅游内容的纷繁复杂体现在各种不同的旅游主题上，如美食游、田园风光游、森林旅游、高等学府游等；旅游目的更是多种多样，如为了身体健康、探险等。

4. 文化性

文化是特色旅游过程中体现出的精髓部分。如一个古镇、一座城市都有其自身独特的文化，其文化所体现出来的特色与魅力更是旅游之中最具吸引力的特点，因此，特色旅游作为旅游形式的一种，文化性的特点在其中的体现比较突出。二者具有相辅相成的功效。

5. 特定的客源市场

某些旅游只针对特定的客源市场，满足部分旅游者的需要，旅游人数少、规模小。

（二）特色旅游的类型

特色旅游的类型可归纳为以下四大类。

1. 以当地特色文化为依托的特色旅游

如葡萄酒游、民俗文化游、美食游、乡村游等。

2. 与当地特有资源（生态资源和人文资源）相结合的特色旅游

如滨海沙滩游、森林游、国家公园游、航海游等。

3. 以当地人民特殊习俗、爱好、独特消费观念与价值观为主导的特色旅游

如自行车游、背包游、"穷游"、怀旧游、野餐游、探险游等。

4. 为达到某种用途或某种目的所开展的特色旅游

如环保游、学艺游、红色游、高校游等。

（三）特色旅游的价值和意义

1. 促进旅游地经济的快速发展

特色旅游作为新兴的旅游方式，无论从经济前景还是可持续发展的角度来讲都具有很高的价值。旅游业的蓬勃发展不仅能够促进发达地区经济的更好更稳发展，也能够使部分经济落后、欠发达地区摆脱贫困，走上致富的道路。"越是民族的就越是世界的"，往往越是远离城市喧嚣的小城镇越能够拥有许多特色旅游资源，这些独具特色的资源对旅游者的吸引力很大。对于这些落后地区而言开展特色旅游是当地居民摆脱贫穷，走上致富道路的有效途径。特色游的有效展开不仅加速经济的发展，也均衡地带动了社会各个领域、各个行业、各个部门的发展，实现了旅游直接经济效益与间接经济效益的双盈利。

2. 有利于文化的传承与发展

特色旅游的开展，加快了各地区对于本地特色文化、民俗风情、民族风貌的发扬与保护，以及对未被开发的当地文化与习俗进行挖掘与维护。这使得许多传统文化得以保留与传承。特色旅游的开展不仅保护了当地的传统特色文化，并将其发扬光大，还开展了许多民俗节庆活动，建设大型的民俗文化村，民族服饰、饮食、民俗生活情况都被广大国际、国内游客所吸引，成为了旅游的一大亮点。特色民俗游的开展不仅使得当地的传统文化得以发扬光大，也充分的保护了当地的特色文化传统与习俗。

3. 促进旅游形式的多样化发展

由于特色旅游涉及到的种类很多，诸如特色文化游、特色山水游、特色野餐游、航海游、高校游等，种类繁多，具有新奇前卫等特点。因此，特色游的

开展不仅繁荣了当今的旅游市场，促进了旅游形式的多样化发展，也相应的带动了许多产业的共同繁荣，增添了旅游的趣味性与奇特性。当今世界的旅游业发展应当是多样化的"百花齐放"才能获得更广阔更长久的发展。我们更应利用特色旅游所带来的各种正面效应，积极参与到全球的旅游浪潮中来，挖掘自身特点，积极借鉴，强化自身竞争实力，争创旅游强国。

4. 有利于环境保护

环境保护、生态建设是目前的首要任务。随着特色游的逐渐兴起，传统旅游方兴未艾，旅游业进入了高速发展时期，各种形式的旅游吸引着全国各地的游客，旅游业的生态效益逐渐受到更大的考验与关注。而由于旅游业发展与生态环境的共生关系，使得要想更好更长远地发展特色旅游就应当及时保护脆弱的生态环境，因为生态环境是旅游业发展赖以生存的土地。同时，实践也证明了旅游业的开展有利地促进景区景点的建设和城市周围环境的整治和美化。环保游、登山游、航海游、田园游等特色旅游的开展无不依赖着当地的旅游资源与生态环境，因此，开展特色旅游有助于提高游客的环保意识、增强环保观念、加强环境保护措施的有效实施。

（四）特色旅游开发的原则

1. 准确定位，突出特色，实现品牌战略

旅游发展的历史告诉我们，一个国家和一个地区，如果没有独具特色的旅游产品，没有配套完善的旅游设施，没有良好的旅游环境、旅游服务和安全保障，旅游业就难以兴旺发达。特色是旅游之魂。因而，准确定位是目前发展特色旅游的首要任务。

那么，怎样开发建设才更具特色优势和核心竞争力？所谓核心景区就是特色突出、内涵丰富、规模较大，具有一定知名度和辐射带动作用比较成熟的旅游景区。旅游首先必须要有能够吸引游客前来的吸引物，才能带动客流，进而带动物流和货币流的发展。在旅游市场竞争日趋激烈的今天，没有打得响的旅游产品，很难在市场站稳脚跟，更谈不上发展。旅游品牌是产品质量本身重要性的必然反映，产品质量是品牌的基础，从侧面反映了产品所属地的形象。实施品牌战略是当前特色旅游发展的一大战略。

2. 市场导向，优化产品营销策略

旅游地的市场营销策略要坚持以市场需求为导向，制定目标明确、效益突出的市场营销战略，建立多角度、多层次的促销机制，大力发展目标市场，并使其旅游需求量能够有较大幅度的提高。重点开拓经济实力强、具有示范带动作用的核心区域、积极开发中、远距离市场，尽快形成多元结构的市场格局。

随着旅游业的迅速发展，要想在激烈的市场竞争中立于不败之地，除了开发高品质、高品位的特色旅游产品，提供高质量的旅游设施和服务外，旅游营销工作更应成为重中之重。而且，要确立营销先导的战略，通过建立旅游市场营销决策系统，使营销成为特色旅游发展的先导以适应不断变化的市场需求。要坚持以国际市场为基础，入境市场为先导，出游市场为延伸，三个市场协调发展、相互促进。应坚持：①创新营销观念，做到绿色营销、整合营销、网络营销、差别营销。②实现产品优化升级，形成精品战略。③推陈出新，以老带新，不断培育新的旅游产品，丰富旅游产品类型。④加强区域协作，整合资源优势，以点带面，联动发展。⑤实现多样化营销，利用各种营销渠道、方式加强营销效果。

3. 加强区域协作，整合资源，实现优化配置

加强区域间的联动协作，整合资源，实现区域间的优化配置，是特色旅游发展坚持的原则之一。只有加强了区域间的协作沟通，才能形成综合力量，达到最佳的发展效果。资源好、区位好、名声高的地区优先发展，带动其他二级地区联合发展，加强协作，共同管理，实现资源的有效优化配置，坚持合理适度的开发是目前特色旅游开发应坚持的重要原则。

三、特色旅游资源

（一）特色旅游资源的概念与性质

特色是旅游业的灵魂，是21世纪全球旅游业竞争的主要内容，其宗旨是本着"人无我有、人有我新、人新我奇、以奇制胜"的原则，招来游客，繁荣与发展当地旅游业。发展特色旅游业的基础是拥有特色旅游资源。特色旅游资源不仅具有一般大众旅游资源的共性，而且有其特性，如表6-1所示。

表6-1 特色旅游资源的性质

特色旅游资源的性质	一般旅游资源共性	广泛性
		时代性
		变异性
		地域性
		交叉性
		永续性
		季节性
		增智性
	特色旅游资源的特性	垄断性
		典型性
		特异性
		区域性

衡量特色旅游资源的标准是：旅游资源的稀有程度；旅游资源历史悠久程度；旅游资源在历史上的地位；旅游者生活、生长的文化环境与其到达的旅游目的地的文化环境之间的差异。越为稀有，越为古老，越具历史意义，与旅游者生活、生长的文化环境差异越大，就越具特色。因此，在自然界和人类社会中，凡垄断性、典型性、特异性、区域性等特征突出的地区，越能对旅游者产生吸引力，可以为旅游业开发利用的各种因素和事物，都可视为特色旅游资源。

（二）特色旅游资源的特点

特色旅游资源的本质属性是吸引功能，其作用对象是旅游者，内容是自然和人文因素的总和，而旅游价值和原材料则成为了旅游资源的可开发性。它具有以下几个特点。

1. 功能的多重性

旅游资源开发利用可以产生多方面的综合效益。

经济效益是旅游资源的重要功能。从我国的情况来看，旅游业已成为国民经济的重要产业。据《中华人民共和国2022年国民经济和社会发展统计公报》数据显示，2022年我国国内游客为25.3亿人次，国内旅游收入为20 444亿元。旅游业的发展，不仅带来了直接的经济效益，它对拉动经济增长效果更加突出。在我国，有100多个行业与旅游业相联系，这些行业的发展与旅游业的发展密切相关。

旅游资源开发利用产生的社会效益也是明显的。在我国，全国旅行社从业人员超过了20万人，旅游相关行业的就业人员超过8000万人，也就是说，旅游业的发展直接、间接地创造了近1亿个就业岗位。旅游资源产生的社会效益还体现在对人们产生的文化功能方面。旅游活动在本质上是一种文化活动。人们在旅游活动中陶情养性，增质强体。近年来兴起的红色旅游，更是成为人们学习革命传统，增强爱国情感，培养民族精神的有效形式和途径。

旅游的环境效益功能体现在旅游活动对促进人们生态保护意识的提高，生态保护行为的加强，生态保护效益的提升。1983年由世界自然保护联盟提出了生态旅游的概念。这种概念主张在旅游活动中，应当综合考虑环境保护与经济社会发展相结合，保证旅游资源可持续利用。这种理念应当运用于整个旅游业的发展。

2. 形式的多样性

旅游资源形式的多样性，表现为可按不同标准，将旅游资源划分为各种不同类型，同时还表现在不同属性在同一旅游资源的并存方面。

前文按旅游资源的基本成因和属性把旅游资源划分为人文旅游资源和自然旅游资源两大类。但因旅游资源形式繁多，内容丰富，划分标准各异。所以旅游资源分类比较复杂。我国对旅游资源分类最为详细的是国家质监总局颁布的旅游资源分类的国家标准。按其划分，我国旅游资源分为主类、亚类、基本类型三个层次，共有8大主类，31个亚类，155种基本类型。

旅游资源多样化的形式，使人们选择旅游的地点和方式更加丰富，也更有利于旅游业发展，从而促进经济效益、社会效益的提升。

3. 开发中的可创性

我们说旅游资源具有开发中的可创性，是指潜在的旅游资源在一定环境和条件下，经过人们的开发和打造，变成可供人们旅游的现实旅游资源。比如汶川地震之后，在那些具有典型代表的废墟中，发现和发掘新的旅游景观已成为了一种旅游资源的开创途径。比如草坡大桥在这次汶川强震中断裂，彻底毁损，无法修复。后经地质环保专家们的提议，保留草坡大桥遗址，使其成为一个新的旅游景点。在随后汶川的旅游业发展过程中，草坡大桥也确实成为了一大亮点。

再如，汶川具有浓烈羌族文化的另一旅游景点——萝卜寨，其本身只是一个当地羌族百姓长期居住和生活的寨子，但因羌族文化的打造和推广，使得萝卜寨也成为了新的旅游景点。如今，新修的萝卜寨寨子和当地淳朴的民风民俗，吸引着更多的外地游客。

4. 利用的重复性

与一般消耗性的自然资源不同，旅游资源为人们提供的主要是服务性消费，因此具有利用的重复性。比如，旅游资源让人们在旅游的过程中享受、放松、欢愉，其功能就是为人类所用，服务于人类。现在的人和未来的人，亦可受到旅游资源带来的服务。

需要指出的是，旅游资源的重复利用性不是绝对的，无条件的。由于自然原因或人为因素的影响，都可能导致其利用价值的丧失。比如地震影响、人为故意损毁等，都有可能造成旅游资源的破坏，并不可再生。只有做到了对旅游资源的保护和利用，才能让未来的人享受大自然带来的益处，也才能真正做到"既能满足人类目前的需要和追求，又不伤害未来人们的需要和追求"，从而实现可持续利用。把握旅游资源的这一特点，对研究其可持续利用，具有特别重要的意义。

（三）认识特色旅游资源的意义

认识特色旅游资源主要有两方面显著的意义：其一，特色旅游资源是发展特色旅游的基础。特色旅游是有别于大众旅游且文化含量高、主题鲜明的特殊旅游。特色旅游重在文化内涵的挖掘，鼓励个性化发展，与当今人们生活主题相吻合，因此它具有传统的大众旅游无可比拟的巨大优势。发展特色旅游是当今世界旅游业竞争的新趋势，为顺应这一趋势，满足游客需求，就必须对特色旅游资源有非常清醒的认识；其二，特色旅游资源是创造旅游名牌产品的根基。旅游名牌产品是市场公认的质量好、信誉高、知名度大、市场占有率高并给旅游业发展带来较高的经济效益及强大市场影响力的旅游产品。旅游名牌产品对旅游资源的依赖性很强，那些垄断性、典型性、特异性、区域性等特征突出的旅游资源（即特色旅游资源）很容易发展成为旅游名牌产品，因此特色旅游资源的研究对旅游名牌产品的创造意义重大。

（四）特色旅游资源开发利用的原则

1. 保持特色

在旅游资源开发与利用中，应尽可能保持自然和历史形成的原始风貌。任何过分修饰和全面毁旧翻新的做法都是不足取的，因为它只能削弱这些旅游资源的特色。例如，早前天安门城楼在维修时，使用了大量真金，把外檐原先用的"草龙和玺"彩画改成了"金龙和玺"彩画，这样一来，就把天安门城楼的彩画规格不适当地等同于太和殿彩画规格，破坏了中国传统建筑的范式，削弱了天安门城楼的特色。

2. 突出特色

旅游资源开发利用必须突出资源的独特性，努力反映当地的地方特色和民族特色。例如，在阿根廷，旅游基础设施并不完善，但其并不着眼于大兴宾馆、道路等基础设施建设，而是因地制宜，开发"探险"旅游。让旅客徒步穿越神秘莫测的原始森林，或骑骏马长途跋涉，或乘独木舟、橡皮艇闯激流越险滩等，以其惊险性和地方特色而独具魅力，为阿根廷旅游业的发展开辟了一个大有作为的新天地。

3. 选择特色

在开发利用中选择具有垄断性、难以被替代的资源进行开发。例如，我国河南省登封市的"少林功"修学旅游项目的开发，就是成功的选择。

4. 协调特色

在旅游资源开发与利用中，必须因地制宜，注重与周围环境的协调，从协调中衬托特色、增强特色。例如，四川青城山风景区的建筑，其桥、亭都取近旁的杉树为材，有的干脆依树而立，以干为柱，不求修直，不去树皮，既富有野趣，又取得了情景交融的效果，充分体现与强化了青城山景区的特色。

第二节　旅游资源的可持续开发利用

一、旅游资源的分类

旅游资源的分类方式多种多样。按旅游活动内容可分为鉴赏型、知识型、体验型、康乐型。按旅游活动的性质又可分为：观赏型、运动型、娱乐型、特殊型。本书按照旅游资源的成因和属性，将其划分为自然旅游资源和人文旅游资源。

自然旅游资源，又称自然风景旅游资源，是由于亿万年在地球地壳的运动过程中，因火山、地震、侵蚀、风化、地球板块运动、大气温度改变、星体碰撞等主导因素和其他作用力的影响，经长期发育，自然演变而成的景观。它极具美感可以使人们产生浓厚兴趣，心旷神怡，享受其中乐趣。自然旅游资源景观中，也有一些人工建造的景物，但我们仍说它是自然的，因为人工因素只起着一定的衬托和点缀作用。

自然旅游资源按其形态特征和成因分为：地貌景观旅游资源（如喀斯特地貌、冰川火山等）、水体景观旅游资源（包括海洋、河流、湖泊、瀑布等）、生物景观旅游资源（包括各类野生动植物）、自然地带性景观旅游资源（如热带景观）、气候旅游资源（如避暑游览地）、天气气象类（如日出云海）、其他自然旅游资源（如自然现象）等。

人文旅游资源，又称人文景观旅游资源，它是在人类长期进化发展过程中，由于人类的物质文化活动而产生的。它是不同历史时代的特色产物和象征，反映着各民族各地域的政治、经济、文化等的发展和变迁，它带有着强烈的时代烙印。因此，人文旅游资源最能满足人们精神层面的需求，并能用文化的形式影响人们的思想观念、信仰追求。它更是人类文明的结晶，是民族风貌的集中反映。

与自然旅游资源不同，人文旅游资源充满人文气息，可以通过各类文化馆，如博物馆、美术馆、游乐园、文化宫等作为其载体来实现文化价值；也可以通过各种文化节，如电影节、音乐节、民间活动等丰富和传承当地文化，并以此吸引外地游客到访，并让原有文化得以传播和发扬。

人文旅游资源分为：人文景物（包括遗址遗迹、纪念地、博物馆等）、文化传统（包括民族节庆节日、语言文字、科学技术等）、体育与娱乐（包括以运动健身为目的的旅行、观看体育比赛、游览主题公园、参加文化活动）等不同类型。

之所以选取这几项指标有以下几个原因。

第一，由于管理部门的分割以及其所管辖的资源种类不同，才使得我国旅游资源类别众多。例如园林、文物、建设、林业和国土等部门均根据地方特色各自划分出风景名胜区、自然保护区、地质公园和森林公园等具有地方垄断性的地域单元，具有相当高的旅游业价值。

第二，世界遗产具有极高的旅游价值，且具有绝对的垄断性。我国历史悠久，地大物博，拥有的自然文化等世界遗产数量颇多，在世界遗产名录国家排名中位居第二。世界遗产是人类最宝贵的遗产之一，对旅游者而言有着其他旅游地所没有的吸引力。因此各区域的世界遗产均是各地宝贵的旅游资源。

第三，各地的旅游区（点）是地区旅游资源的基础。旅游区（点）的评定是对地区景观水平、环境质量、服务水平的综合反映。而且在评价过程中有规范的评价程序、严格的标准，客观真实地评价了我国区域旅游资源的质量水平，为区域旅游资源综合评价提供了科学的依据。

第四，我国历史悠久，历史文化名城作为一个综合性的地域单元不仅是文化旅游的重要景观，更是旅游业的一笔宝贵财富。到2022年，我国已经先后有140座国家级历史文化名城。历史文化名城与其他几项旅游资源的不同之处在于，它不仅包含城市历史而且也包含文化价值。

二、旅游资源可持续开发利用的概念

可持续发展是一个内涵及其广泛的概念，它包括各类资源的可持续性，如生物资源（林业、农业、渔业、水资源等）、能源（可更新能源、可耗竭能源）、环境管理（旅游业经营管理）等。本章特别强调旅游资源保护，说明要充分利用旅游资源，使其服务于人类。在面对自然发挥自身能动作用的时候，必须保持与自然的和谐相处。同时，人们维护恒定的生态环境，这是实现可持续性发展的必要条件。

　　旅游资源的可持续开发利用是指人类通过科学、合理地规划、开发、利用旅游资源，使人类对旅游资源的利用过程在一个无限长的时期内可以永远保持下去。在对人类有意义的时间、空间上，旅游资源的数量保持动态平衡，质量不断提高，从而使人类对旅游资源的开发利用能够永续地进行，永续满足社会发展的需要。

三、旅游资源可持续开发利用的内涵

　　旅游资源可持续开发利用的基本内涵是在综合考虑旅游资源和环境资源的基础上，逐步提高旅游资源的生产能力和承载力，为旅游业的可持续发展提供永续的资源利用条件。它以生态环境、社会环境、文化环境效益为前提，保护旅游资源及旅游环境，尽量减小对环境的破坏；以经济效益为中心，通过科学地规划、开发、利用，不断提高旅游资源的利用效率和利用效益；以社会效益为目的，满足人类精神文化的需要，促进社会稳定、可持续发展。

四、旅游资源可持续开发利用的过程分析

　　旅游资源可持续开发利用是一个动态的过程，其具体的进程如图6-1所示。从图中可知，旅游资源可持续开发利用是由五个相对独立的过程构成的，它们分别是旅游资源调查、旅游资源规划、旅游资源经营、旅游资源管理和旅游资源环境保护。每个过程都有其核心内容和主要目标。旅游资源调查主要是明晰产权，清查数量明确质量；旅游资源规划是为确定开发利用方案和建设项目施工而提供的可持续开发利用要求的技术标准；旅游资源经营是利用旅游资源获取收益；旅游资源管理即通过管理确保旅游资源的保值与增值；旅游资源环境保护是预防资源受到环境污染，为旅游资源的可持续开发利用提供环境保障。

图6-1　旅游资源可持续开发利用过程分析图

这五个过程既相互独立又相互联系，统一被包含于旅游资源可持续开发利用这个总目标中。

五、与传统旅游资源利用观的比较研究

旅游资源可持续开发利用丰富了旅游资源利用的理论，可以看作是传统旅游资源利用观的发展和改进，是可持续发展理论的延续和深化。二者在指导思想和理论基础、目标、增长方式、文明标准、时间尺度、空间尺度、调控手段上都有所差异，如表6-2所示。

表6-2　旅游资源可持续开发利用与传统旅游资源利用观的比较分析

	传统旅游资源利用观	旅游资源可持续开发利用
指导思想和理论基础	传统发展观	可持续发展观
目标	经济增长	在保持经济增长的同时，实现旅游资源的永续利用
增长方式	粗放型——通过高投入、高消耗、高污染来实现高增长	集约型——以低投入、低消耗、低污染来实现经济适度增长
文明标准	物质文明	生态文明、物质文明和精神文明协调推进
时间尺度	短期、当代	长期、代际
空间尺度	一定的空间范围、封闭式区际关系	全球范围任何区域、互补式区际关系
调控手段	市场经济手段	政府宏观调控、环境经济手段

第三节　西部特色旅游资源可持续开发利用的背景

一、西部旅游资源的总体特征

西部地区是中国乃至世界旅游资源的"聚宝盆"。它得天独厚的自然条

件、雄浑秀丽的山水风光、内涵丰富的人文景观、异彩纷呈的民俗风情，使西部旅游资源具有大容量、多样性、独特性、垄断性的总体特征，让世人叹为观止。充分认识西部旅游资源的特征是实现西部特色旅游资源可持续开发利用的前提。

（一）西部旅游资源丰富多彩

西部地区地域辽阔，纵跨多个纬度，各类地形兼备，江河湖泊众多，气候多样，生物资源丰富，自然景观多姿多彩。西部拥有源远流长的五千年古国文明轨迹，少数民族的民俗风情和宗教信仰各具特色。众多的自然旅游资源和人文旅游资源构成了西部旅游资源根深叶茂、丰富无比的总体优势。在西部的旅游景区中，拥有一批可观的自然遗产、国家级风景名胜区、国家历史文化名城、国家级自然保护区等优势旅游资源，是我国当之无愧的旅游资源宝库。

（二）西部旅游资源珍稀奇特、品位高

我国西部是地球上自然结构最壮观、最奇特的地区之一，在这片广袤的国土上，蕴藏着我国举世无双的旅游资源。以最具旅游价值的世界遗产而言，我国迄今已有56处名列其中，其中西部就占12+1席，充分表明了西部旅游资源的高品位和高档次，并且西部申报世界遗产的潜力还很大。许多世界之最、世界奇迹及中国之最都分布在中国西部，如西部有世界最高峰——珠穆朗玛峰（西藏）、世界上唯一的且被同时纳入《世界遗产名录》和"人与生物圈"的九寨沟（四川）、世界上海拔最低的盆地——吐鲁番盆地（新疆）、世界最长的石窟画廊——敦煌莫高窟（甘肃）、被誉为"世界第八大奇迹"的秦始皇兵马俑（陕西）、中国最大的瀑布群——黄果树瀑布（贵州）、中国最大的咸水湖——青海湖（青海）、被誉为中国最大的"植物王国""动物王国"——云南等。在辽阔的西部地区，旅游资源大都保留了未经雕饰的原始风貌，景观独特，神秘感强，给人以强烈的对比和新奇的刺激，因此在西部发展旅游业优势得天独厚。

（三）西部民族风情古朴浓郁

我国5个自治区全部在西部地区，全国55个少数民族有44个在西部地区聚居，西部的少数民族人口占全国少数民族总人口的70%以上，如表6-3所示。

表6-3 西部地区有聚居地的少数民族的分布

省、自治区、直辖市	少数民族	重要民族节日
四川	藏族、彝族、傈僳族、羌族、回族、苗族等	刀杆节 泼水节 马奶节 社巴节 望果节 三月三歌圩节 火把节
重庆	土家族、苗族等	
贵州	彝族、苗族、布依族、侗族、水族、仡佬族、壮族、瑶族、白裤瑶等	
云南	彝族、白族、苗族、回族、藏族、壮族、瑶族、哈尼族、傣族、拉祜族、纳西族、景颇族、布朗族、阿昌族、普米族、怒族、德昂族、独龙族、基诺族、佤族、傈僳族等	
西藏	藏族、珞巴族、门巴族等	
陕西	回族、满族、苗族、土家族、水族、羌族等	
甘肃	回族、藏族、蒙古族、哈萨克族、东乡族、撒拉族、保安族、裕固族、土族等	
青海	回族、藏族、哈萨克族、东乡族、土族、撒拉族、保安族、门巴族、珞巴族等	
宁夏	回族、蒙古族、东乡族等	
新疆	维吾尔族、回族、蒙古族、哈萨克族、东乡族、柯尔克孜族、达斡尔族、撒拉族、锡伯族、塔吉克族、乌孜别克族、俄罗斯族、塔塔尔族等	
广西	彝族、苗族、侗族、水族、仫佬族、壮族、瑶族、白裤瑶、毛南族、京族等	
内蒙古	蒙古族、达斡尔族、鄂温克族、鄂伦春族等	

包括汉族在内的各民族在漫长的历史发展过程中形成了各具特色的民族文化艺术、传统风俗、生活习惯和民族建筑。具有代表性的少数民族文化艺术有藏族的《格萨尔王传》、维吾尔族的《阿凡提》、彝族的《阿诗玛》等。西部少数民族的传统风俗很多，如居住在泸沽湖风景区的摩梭人至今仍保留着的"阿夏"走婚风俗，在蒙古族地区每年都会举行那达慕大会，进行男子赛马、射箭和摔跤三项竞技赛，这成为了蒙古族群众性的娱乐活动；少数民族还有许多传统的节日，如苗族的"刀杆节"、傣族的"泼水节"、蒙古族的"马奶节"、土家族的"社巴节"、藏族的"望果节"、壮族的"三月三歌圩节"、彝族的"火把节"等，这些都是西部地区吸引国内外游客的"亮点"所在。西部少数民族的住宅也独具民族和地方特色，蒙古族、维吾尔族的帐篷、苗族的吊脚楼、傣族的竹楼、羌族的碉楼、藏族的碉房等都极具旅游开发价值。此外，西部的民族服饰、民族工艺也独具魅力，具有较强

的观赏性和很高的收藏价值。

（四）西部地域文化古老神秘

西部的文化资源十分丰富，尤其值得一提的是西部的宗教文化和建筑，如陕西的法门寺、西藏的扎什伦布寺、青海的塔尔寺、新疆的艾提尕尔清真寺等宗教建筑及敦煌的莫高窟壁画彩塑、麦积山的石窟、大足的石刻艺术、同心清真大寺的砖雕、塔尔寺的酥油花、壁画、堆绣三绝等宗教艺术，以及伊斯兰教的古尔邦节和开斋节、蒙古族的祭敖包、藏传佛教大会等宗教活动，这些宗教文化极大地吸引着国内外游客。西部宗教文化最具代表性地区的是青藏高原。青藏高原为我国藏族人民世居之地，城乡各地佛塔、佛寺分布广泛，到处香火缭绕，宗教文化之厚重、宗教氛围之浓烈，为其他各地所不及，宗教建筑宏伟、风格独特，是藏民心中的神殿圣地，神秘的宗教文化独具迷人的魅力，每年都有大批的国内外游客和宗教朝圣者前往该地。

西部旅游资源具有多样性、独特性、原始性、垄断性、地域性等总体特征，与东部现代都市风貌、名山秀水、古典园林的旅游资源形成鲜明的对比，因此，东西部在旅游资源开发利用上可以形成互补。

二、西部特色旅游资源开发利用的优势分析

我国西部地区具有垄断性、典型性、特异性、区域性等特征，特色旅游资源不胜其数，特色旅游资源的范围也相当广泛。因此，发展西部旅游业优势显著。

（一）旅游资源优势

西部特色旅游资源极其丰富。其自然、社会和历史文化旅游资源种类齐全，分布广泛，等级和品位高，有些具有世界和全国的垄断性，为西部特色旅游资源的开发利用提供了雄厚的基础条件。

（二）国家政策优势

国家为了全面实施"西部大开发"战略，给予了西部地区诸多优惠政策，为西部旅游资源开发利用带来广阔的发展前景。西部的旅游事业得到了国家国债的支持，此外，国家制订了有关旅游的优惠政策，即对从西部旅游

城市入境的海外旅游者，根据条件实行落地签证或其他便利入境签证政策等。这些都极大地促进了西部特色旅游资源的开发利用。

（三）生态环境优势

西部森林覆盖率高，受工业和城市污染的程度较轻，总体环境质量较高，为旅游资源的可持续开发利用提供了良好的生态环境资源和条件。

（四）客源市场优势

西部已建成一批世界级、国家级的旅游风景名胜区，具有稳定的客源市场，海外游客比例高。西部12省（区）有6个与外国接壤，有利于外国游客进入。国内旅游市场逐渐成熟的当下，随着中国经济长年的持续快速增长，东部地区居民收入增长很快，人们的消费需求层次正在向更高的层次迈进，东部居民出游的概率将大大增加。

三、西部特色旅游资源开发利用的制约因素

（一）观念落后

观念属意识形态范围，意识是人们行动的指南。越是经济发达、开发度高的地区其观念越先进。受自然地理位置与国家政策倾斜等因素的影响，西部地区经济落后，观念陈旧。观念的陈旧带来更深层次的管理体制的落后，会制约西部特色旅游资源的开发利用。以旅游开发规划专家郭来喜教授为代表的不少业内人士都指出，西部旅游开发最缺乏的不是资源，而是观念。这种观念上的落后主要表现在西部各级领导干部对旅游业的认识不全面，近几年虽然有所提高，但不少部门和地区对旅游业的产业地位、政策措施、财政收入和管理职能没有完全定位，没有把旅游业当作一项经济产业去培育，而是热衷于办工厂、开矿山。导致旅游资源开发利用资金投入不足，各相关产业、行业和部门与旅游业发展的联系合作不够紧密，旅游行政管理部门行业管理乏力。还有不少地区把相当一部分希望寄托在国家的各种倾斜和照顾政策上，而对于如何建立和完善旅游业的自我发展机制却思考和探索甚少。这些问题的存在都不利于西部特色旅游资源的开发利用，从而也就不利于从根本上形成西部旅游业快速发展的良性循环。

（二）经济落后

区域经济背景的发达程度，直接影响区域旅游开发的投资能力、开发规模和方向。西部地区总体经济水平较低，城市国有企业所占比例远大于东部，这些国有企业因转产和改制，下岗和失业人数增加，导致部分城市居民生活困难。由此，可以推测，西部大多数地区财政负担沉重，大规模地进行旅游开发和基础设施建设有相当的难度。西部地区这种落后的经济现状，必然影响西部特色旅游资源的开发进程。

（三）自然条件恶劣

西部地区自然条件恶劣，水土流失面积占全国的80%，荒漠化面积占全国的90%，自然资源配置极不均衡，各地的条件差异很大。例如，西北地区水资源短缺，绿色资源也贫乏，而西南地区可利用的土地资源短缺。这些恶劣的自然条件中对旅游资源可持续开发利用的制约主要表现在两个方面。

1. 气候条件的制约

西部除云南、贵州、四川和广西部分地区外，大部分地区尤其是西北地区气候条件对旅游资源的开发利用极为不利。西部地区冬季寒冷干燥，多风沙天气，且持续时间长。例如，西北区全年日平均风速5 m/s的天数达50天以上，个别地区达200天以上，而西部的旅游产品大部分为观光型旅游产品，对气候的依赖性强，受寒冷风沙的影响，西部旅游的淡旺季特别明显，具有旺季短、淡季长且游客极少的特点。如在西北地区的中部和西部其旅游淡季长达5~6个月，旺季仅为3个月且集中在6月中旬到9月中旬。以旅游资源具有垄断性且开发初具规模的四川九寨沟景区为例，11月至翌年3月为旅游淡季，时间长达5个月之久。可见，西部恶劣的气候条件势必会严重影响到旅游业的发展，并对旅游资源的开发利用提出更高的要求。

2. 高原环境的制约

西部地势高亢的高原环境既是宝贵的旅游资源，同时也使一些游客产生了畏惧心理。高原的自然条件对游客的身体状况提出了一定的要求。此外，高原生态环境的脆弱性也对旅游资源的可持续开发利用提出了更高的要求。

（四）旅游市场区位和交通区位条件先天不足

从旅游市场区位看，西部旅游内需小，严重依赖于东部沿海地区和国外。然而根据调查显示，中国城市居民旅游和休闲出游市场随距离增加而衰减。从旅游交通区位条件看，西部交通设施落后，主要通过铁路和航空运送游客，且大多数还要中转，比较麻烦。其中，铁路运输历时长，舒适性较差，令游客望而却步。而航空运输虽然历时相对较短，但是交通费用较高，要求游客具有较高的经济支付能力，这就无形中抬高了旅游的门槛，会对东部客源市场产生了消极影响。

四、西部特色旅游资源开发利用的现状

近些年，伴随着一大批独具特色的旅游资源的开发利用，西部旅游业取得了长足发展。从宏观上看，从2010年到2019年，中国旅游业实现稳定增长，旅游业正在成为经济增长的重要引擎；2010年旅游总收入1.57万亿元，2019年国内旅游总收入6.65万亿元，创历史新高，年均复合增长率17.36%，较2018年增长11.06%。以贵州为例，2019年贵州旅游总人数达11 351.77万人，突破10万人次，总收入达到12 321.81亿元，贵州旅游总收入跃居全国第三位，旅游业增加值占全省的11.6%，旅游业已形成支柱产业。可见将旅游业作为西部部分省份的支柱产业来培育是切实可行的。从微观上看，西部地区已建成一批具有相当硬件和软件的旅游企业，形成了具有一定规模的旅游接待能力。如西藏明珠、西安旅游、峨眉山等一批西部概念股的上市，为西部旅游资源的大开发、旅游业的大发展筹集了急需的资金。从交通基础设施建设来看，公路、铁路建设已初具规模，飞机航线已能直抵西部各主要城市。国铁集团切实履行川藏铁路工程建设主体责任，在中央和国家有关部门、川藏两省区党委政府的支持帮助下，全力推进川藏铁路建设。历经6年艰苦奋战，2021年6月25日，西藏拉萨至林芝电气化铁路建成通车，将复兴号开进西藏拉萨。另外，国家也拨款用于在西部地区建立机场。随着西部大开发战略的实施，西部迎来了旅游业发展的黄金时期。

将特色旅游资源开发利用作为极具活力的经济活动，当作一个能够创造就业机会、增加社会财富、带来良好经济效益，从而带动地方经济整体发展的事业来对待，无疑是正确的。但是，在西部特色旅游资源的开发利用过程中，由于诸多方面的原因，实际造成了特色旅游资源的过度消耗和破坏，直

接影响整个西部旅游业的可持续发展。总的来说，西部特色旅游资源的开发利用存在着以下几个方面的问题。

（一）普查不全，特色旅游资源"家底不清"

西部大部分地区缺乏对本地区旅游资源全面系统的普查和评价，对旅游资源尤其是特色旅游资源的数量、质量、种类、范围、自然环境、开发价值、客源前景等没有一个全面科学的统计和分析，不能为特色旅游资源的合理开发利用提供准确可靠的数据。已有的一些调查形式多限于局部地域，而且方法粗略不规范。

（二）认识不足，特色旅游资源闲置

西部大部分地区由于受思想观念的制约，对西部特色旅游资源的独特优势和发展潜力认识不足，导致特色旅游资源开发建设迟缓，特色旅游资源开发利用程度低。就目前而论，西部旅游资源开发量还不到其潜力的十分之一，大量特色旅游资源闲置，而且缺乏有计划、系统的旅游资源开发建设。很多景区开发仅仅是设门售票，没有全面系统的景区旅游内容介绍，景区内部也缺少相应的景点标识，只能进行基本的观光游览，这种状况实际上是对西部特色旅游资源的浪费。

（三）开发不当，特色旅游资源破坏

西部旅游资源开发由于缺乏高标准的旅游规划或者由于资金不足等方面的问题，存在着严重的资源破坏现象。例如，敦煌莫高窟自开发以来，取得了良好的社会经济效益；但由于多数洞窟空间狭小，壁画、彩塑都是土质文物，加之年代久远，已经处于非常脆弱的状态，若不及时投入资金采取相应保护措施，这一堪称"世界石窟之最"的文物古迹将不复存在。此外，因旅游资源开发带来的一系列环境污染问题，不仅破坏了旅游资源的生态平衡，也大大影响了旅游资源的生命周期和价值。加之受地域、行政等因素的影响，西部地区旅游开发各自为政，把目光放在本地，强调自己的资源优势，简单规划，很少从整个西部乃至全国的角度考虑。各地资源重复开发、低档次开发、滥上项目等现象较为突出，并产生了在同一层次低水平竞争的问题，大大降低了西部特色旅游资源作为整体资源的优势。

（四）开发不深，产品结构单一

西部地区特色旅游资源具有突出的旅游开发价值，可开发成多元化的系列旅游产品，但西部地区对旅游资源开发利用不深。在东部地区，现已形成了观光旅游、度假旅游产品和特种旅游产品并存的多元化产品供给结构，而西部旅游的产品仍以观光旅游产品为主。即使在观光旅游产品中也仍存在着大量的重复建设现象，致使旅游产品间的特色无法形成互补效应，产品的市场吸引力在相互抵消中下降。在激烈的国际和国内竞争中，西部特色资源优势被开发不足的劣势所抵消。

综上可知，西部特色旅游资源丰富，发展潜力巨大，但由于观念、经济发展自然条件和交通区位条件等方面因素的制约以及在开发利用过程中的一些不适当的做法，使得相当一批西部特色旅游资源受到了不同程度的破坏。因此，构建西部特色旅游资源可持续开发利用的评价体系，对西部特色旅游资源是否做到了可持续开发利用及其可持续开发利用的程度如何，以及进行科学的表征和测度，是十分必要的。

第四节　西部地区旅游可持续发展的策略

为了实现西部地区旅游的可持续发展，本章提出了经济、社会和生态方面的保障策略。

一、经济方面

（一）加大财政扶持力度，构建多元化投融资渠道

旅游业由于投资周期长、资金回收慢，融资困难、资金短缺，一直是制约其发展的主要问题之一。对西部地区旅游的发展而言，资金投入支持至关重要，需要构建旅游多元化投资体系，充分发挥政府投资、民间资本、部分外资和社会参与的共建力，为推动旅游可持续发展进程提供必要的资金支撑。

　　首先，争取国家西部地区旅游专项发展资金。积极发挥政府财政在推进西部旅游发展中的导向作用，第一，增加财政对西部地区旅游的资金支持力度。随着西部地区国民经济和整体旅游收入的不断增加，考虑进一步加大财政对西部地区旅游产业的支持力度，以促进西部地区旅游的进一步发展。第二，调整政府财政对西部地区旅游的支持方式，一方面可以通过财政补贴抵达相关旅游景区的列车费用，降低部分交通票价和交通成本，拉动游客前往西部地区旅游景区的动力；另一方面，通过委托、外包或招投标的方式，将西部地区旅游的宣传工作委托给社会或民间专业广告公司，在交通枢纽点、重点地市地标物等地投放旅游宣传广告。第三，优化政府财政对西部地区旅游的投入结构。其一，财政直接投资部分可以考虑对公共交通、通信条件、公共厕所等旅游基础设施的投资；其二，适当提高西部地区旅游奖励基金，增强对旅游行业主体的激励作用；其三，增加对西部地区旅游宣传的经费支持，以不断提升旅游知名度。

　　其次，引导金融资本支持。其一，农行、建行和国行等金融机构对建设周期长、投资数额大的西部地区旅游项目适当延长贷款期限政策；其二，各金融机构要加强对西部地区旅游开发的信贷投入，尤其要加大面向中小旅游企业和个人小额贷款和联保贷款规模；其三，采用贷款担保风险补助机制、财政贴息的方式，鼓励西部地区旅游企业发行短期融资券等方式支持资金在西部各地旅游发展专项资金中的切块安排，有利于旅游企业解决资金难题，加快发展步伐。

　　最后，吸引民间投资。西部地区旅游要走市场化道路，应充分利用市场机制，采取灵活的政策措施，积极引导社会资金以承包、购买、联营、租赁和股份合作等等多种形式投资开发旅游项目，兴办各种旅游开发性企业和实体；另外，尤其是要倡导那些实力较强、利润较高、有扩大业务意愿的大中型企业来西部地区开发旅游项目。

（二）树立竞争和效益观念，提高旅游市场化程度

　　西部地区旅游作为经济工程和富民工程，需要借助市场的力量推动发展。对于西部地区来说，拥有庞大的旅游资源是旅游业最重要的发展动力之一。西部地区旅游市场开发时间较短，受到多方因素的影响，市场体制不健

全，相关旅游企业能力良莠不齐，决定旅游市场化过程将面临较大困难，为了充分发挥市场的作用，激发旅游企业的发展潜力，推动其可持续发展水平，需要做到以下方面。

首先，旅游既有公益性，也有市场性，旅游相关机构和人员要摒弃"工资靠财政、奖金靠门票，维护靠拨款"的"等靠要"思想，要树立竞争意识和市场意识，以市场需求为指引，结合多级客源结构，合理开发旅游产品，以市场竞争赢得消费者；其次，旅游相关机构和人员要将以门票收入为主要收益来源的思维转到以住宿、旅游购物、餐饮及作品版权为收益来源上，不断提高旅游的综合效益；最后，要提高旅游的市场化水平。其一，营造开发、良性竞争的旅游营商环境；其二，探索旅游景区（点）的所有权、管理权和经营权分析的政策和办法，盘活旅游资源存量和资产存量，激活旅游市场潜力和市场机制的活力；其三，加快建立旅游项目的招商引资机制，促进旅游开发的投资多元化；其四，培育本地旅游企业和旅游品牌，增强区域旅游发展内生动力，并保障旅游产品和服务的较高质量供给；其五，根据旅游市场的竞争原则，开发适宜旅游需求的旅游产品，吸纳各个类别的市场群体，增强并拓展旅游市场领域，实现旅游市场多样化；其六，融合本地特色民俗文化、人文景观特色，创意文旅产品，发展红色旅游购物，增强旅游市场活力。

（三）理顺开发产权制度，处理好利益相关者关系

目前旅游发展过程中，存在资源归口复杂"九龙治水"的乱象和利益分配混乱且不合理等问题，因此，西部地区旅游应积极探索经营体制，逐步建立起现代企业制度，以旅游资源为纽带，明确国家、地方政府、旅游部门、旅游企业和资源地居民之间的权利和义务，通过对旅游资源进行评价和评估，建立符合西部地区实际，且能协调各方利益的经营体制。

另外，随着西部地区旅游的快速发展，相关利益主体的问题也逐渐凸显，引起了多方关注，利益是人活动的主要驱动因素，要确保旅游的可持续发展，就必须重视相关利益主体。首先，应按照"三权分离"即所有权、经营权和管理权分离的原则，尽快颁布相关政策和法规，明确旅游各参与方的权利和义务；其次，政府应加强在旅游中各利益相关者之间的沟通与合作，建立科学的利益分配制度，协调好政府、景点居民、旅游企业和旅游者之间的利益关系，实现旅游整体利益的最大化；再次，注重景区居民的利益获得。通过旅游活动的开展，允许当地居民以多种方式参与旅游活动，进而增加其收入，提高其生活水平，为其脱贫致富开辟新的途径；最后，对于允许投资开发经营的旅游企业，需要加强监督，确保旅游景区（点）的永续利用和可持续发展。

（四）研究旅游生命周期，走产业化发展道路

根据加拿大学者巴特勒提出的旅游地生命周期理论，游客数量、旅游需求、旅游供给、旅游环境等随着旅游地发展阶段的演化而呈现规律性的变化，阶段不同旅游地表现出不一样的旅游特征。

在可持续发展的阶段，西部地区大多数旅游景区处于开发初期，景区的旅游产品也处在开发阶段，有少数旅游企业进入，政府在景区基础设施建设、旅游宣传、旅游管理等方面处于主导地位。未来随着西部地区旅游的快速发展，通过对其发展阶段的预判，政府应逐步退出主导者的角色，为旅游企业实现自我发展、自我经营的过程出让空间。同时，相关政府及部门应根据发展阶段，预测旅游地的发展趋势，指导市场营销；诊断和分析旅游地存在的问题，指导旅游规划和对策的制定；寻找旅游地的发展规律，为旅游地的发展提供经验，从而促进西部地区旅游可持续发展的实现。

另外，深挖本地旅游文化内涵，形成具有西部各地区特点的旅游产品体系，避免来自周边省市旅游产品的同质性竞争，为本地旅游市场的开发奠定良好的产品基础；其次，坚持复合型发展思路。积极整合旅游景区附近的生态旅游资源、民俗旅游资源、乡村旅游资源，形成多特色结合的旅游线路，打造综合型、复合型的旅游产品，延长旅游产品链，增强本地旅游的吸引力和感染力；最后，积极探索新业态。推动西部地区旅游企业实现经营的网络化和连锁化，由当前的"散兵游勇"到"连锁经营"，催生与旅游相关的不同业态，提高本地旅游产业化程度。

二、社会方面

（一）加强政府宏观调控，完善旅游业的管理体制

旅游业是以市场为导向的产业，仅靠市场的力量是不够的，需要国家从政策、法律、法规体系予以宏观的指导和调控。

首先，制定科学的旅游发展顶层设计。制定科学的旅游发展规划是实现西部地区旅游可持续发展的前提和重要保障。西部地区旅游发展规划应一方面将可持续发展理论贯彻整个活动的始终，坚持旅游的经济效益、社会效益和生态环境效益的协调发展；另一方面，要承继文脉，契入地域特色。众多旅游景点有不同的历史遗迹和自然风貌，因而在制定规划时，要着重突出不同地区生产生活的发展差异，不同民族的风情习俗，突出特色旅游发展；另外，注重一、二、三产业的发展。发展旅游，要注重将一、二、三产业全面纳入规划，寻找产业结合的突破点和利益点，实现一、二、三产业的共同发展；再次，统筹规划配套设施。在西部地区旅游发展规划中，要统筹安排与旅游发展相关的餐饮业、住宿业、交通业、娱乐业和购物商业等相关设施，尽可能做到设备齐全、管理有序，且具有地方特色；最后，相关部门在制定规划时，要注重实地调研，充分考虑西部各地区的自然风貌、人文特征、客源市场、发展潜力、环境承载力等因素，因地制宜、科学规划、合理布局，以保证西部地区旅游的可持续发展。

其次，加强对旅游资源的监测和评估。建立准确、全面、科学的旅游资源数据库，不仅是开展旅游活动必要条件，也是影响全面决策和项目建设的根本条件。因此，应坚持科学性、持续性和规范性的原则，正确评价旅游资源种类、等级、价值、品位、组合特征和分布特征等情况，同时，对旅游资源开发前、开发中和开发后的状况进行常规化跟踪与监测，为其合理开发、利用前景及效益进行预测，为西部地区旅游的可持续发展提供科学依据。

最后，提高旅游管理服务水平。要实现西部地区旅游方向正确和规范发展，必须建立规范、灵活、适应旅游特点的管理服务体制。一方面，应借鉴国内外有关先进经验，制定西部地区旅游相关管理规章制度，建立旅游发展标准和管理体系，实行规范化管理，鼓励正当竞争、严格奖惩制度，推动

旅游向规范化、集约化、专业化和规模化方向迈进；另一方面，要加强对旅游参与者的监督与管理。应加强对旅游经营者的管理，通过制定旅游安全卫生、经营许可和土地审批等政策，重点加强对经营者在治安安全、环境卫生保护和基础设施建设方面的行政管理和监督；加强对旅游投资者的管理，对投资者的开发建设方案进行严格审查和评价，尽量避免对本地生态环境的破坏；加强对游客的监督和管理，随着西部地区旅游的快速发展，必然有大量游客的涌入，可以在宣传教育、限定人数等方面进行管理，尽可能减少对当地环境和居民生活造成不利影响。

（二）打破区域行政壁垒，走区域合作化道路

虽然西部地区旅游资源具有分散性和地域性的特点，但是需要不同区域间的协作，区域旅游合作是整合旅游产品、优化旅游产品空间结构、实现区域旅游可持续发展的主要策略之一。

首先，淡化行政区划概念，建立旅游的政府合作机制。由于旅游资源隶属不同的行政单位管辖，有的甚至跨越省区，行政区划分割行政的行政壁垒对区域经济产生刚性约束，导致了与区域经济一体化相悖的"行政区经济"现象，造成边界共有资源争夺，客源市场非理性竞争等问题，因此，需要打破行政壁垒和地区封锁，建立适应旅游市场发展的"复合行政"政府体制，实现跨行政区的公共服务，实行由高一级的政府协调制度，吸纳其他政府组织参与的多中心、自主治理的合作机制，实现不同旅游行政区域的资源共享、线路对接、市场互动、客源互送、效益共赢、共同发展，并最终形成产品大、市场大、线路精的旅游发展格局。

其次，提高资源共享性，打造优势互补的旅游产品。旅游产品是吸引游客的重要因素，更是一个旅游目的地综合素质的体现。在全面认识和了解不同区域旅游资源的基础上，挖掘各区域旅游资源的特点，扬长避短，整合打造适销对路、优势互补、各具特色的旅游产品和线路，同时，根据各地旅游发展具体情况，避免重复建设，实现旅游资源的共享。

最后，发挥景点增长极作用，实现旅游的组合化和融合化发展。根据文化景观的空间效应，旅游资源精品多、数量大和地区分布较为集中的旅游经典景区无疑是所在地区的文化景观核心。根据增长极和点轴开发理论，在旅

游开发中，将一些经典景区和热点景区作为一个地区或区域的"增长极"，通过整合，将"增长极"附近的旅游景点、其他旅游景点进行组合，对于大尺度景观，可以有效带动旅游资源之外的其他旅游资源进入市场，获得价值兑现的机会；对于小尺度的景观，以其所处区域主流的其他类型旅游资源进入市场，获得更多的发展机会，并利用"增长极"原有成熟的旅游市场、软硬件基础设施，促进旅游点一线一面的组合发展，提高西部地区旅游的可持续力。

（三）提高旅游业人才素质，完善人才培养和开发制度

功以才成，业由才广，推动西部地区旅游可持续发展必须高度重视旅游人才队伍建设。旅游产业是劳动密集型产业，对专业人员的数量和专业人员的素质都有一定的需要，既需要旅游行政管理人才、专业的导游队伍，也需要旅游服务人员。

首先，建设高素质的旅游管理队伍。一方面，通过组织旅游管理人才到旅游景区挂职锻炼，了解本地旅游管理现状，透过现象寻找问题，为提高本地旅游管理水平奠定实践基础；另一方面，选派管理人员到旅游发展成熟的地区进行培训，学习现代化的管理经验，因地制宜，结合先进的理论知识指导本地旅游管理；其次，提高旅游导游队伍素质。以文化和旅游部提出的"五好讲解员"的培养为标准，导游要全面学习和熟悉西部地区革命史，学习好党史、国史和地方史，在尊重历史的基础上，用游客喜爱的方式向广大游客宣传优秀文化、故事和人物；采用以赛促学，以赛代练的方式，提高导游自主学习能力，不断提升讲解技能；制定导游科学的等级评定和评聘制度，优化上升渠道，培养一批靠得住、用得上、留得下的本地导游人才；编写具有西部地区特点的"西部地区旅游景点景区导游词"，实现导游持证上岗，促进导游队伍的规范化、正规化；再次，搭建区域旅游人才流动制度。随着西部地区旅游的快速发展，地处经济基础薄弱的广大西部地区景区受人才匮乏的掣肘，既无力自主培养人才，也面临没有充足的财力高薪聘请人才，解决这一矛盾，需着眼不同区域人才派遣模式，积极对接全国旅游人才流动平台，争取选派人才到本地挂职锻炼，解决本地人才匮乏的问题；最后，扩大旅游人才队伍，促进队伍的多元化。一方面，在稳定专业人才队伍

的基础上，重用老年人才、活用青少年人才，吸引后代志愿者，实现队伍的多元化；另一方面，加强同相关旅游院校及专业规划机构的合作，做好旅游人才的培养、输送工作，积极储备人才；另外，要培养广大人民群众对旅游的参与意识和责任意识，促进"人人都是传承者，人人都做代言人"的目标。

（四）提升基础设施建设，完善景区旅游服务功能

旅游基础设施是发展旅游不可或缺的物质条件之一，对实现旅游可持续发展有重要的推动作用。加强西部地区旅游基础设施建设，提高旅游公共服务水平，提升旅游服务接待水平，打造高水平高品质的旅游发展环境。

一方面，加强西部地区旅游基础设施建设。基础设施是迎合旅游者在游玩、观光中的所有物质设施，包括旅游交通、旅游饭店及各种文化娱乐、疗养、购物和体育等物质设备，是旅游领域不可或缺的物质保障。首先是提高交通服务水平。制定地区交通发展规划中，注重对旅游景区的考量，打通旅游景区与交通主干道的连接通道；注重对景区内部游览道路的建设，打造风景廊道、同时重视对交通主干道的无缝对接；注重对景区公共汽车、出租车、公共电动车和自行车、特色人力三轮车的配置，完善景区附近的旅游交通体系建设，打通旅游最后一千米；其次是提高住宿餐饮服务水平，西部地区旅游主管部门应扩宽融资渠道，吸引多种投资主体，注重改善住宿餐饮卫生条件，增加本地住宿特色，形成高端酒店、经济型酒店、特色民俗等不同价位、风格和类型的接待服务设施，提高西部地区旅游整体接待能力；最后是提高信息通信水平，电力部门要加强旅游区电力设施的改造、维护和更新，确保用电需要及安全；另外通讯部门要加大对广大旅游景区及地区通讯设施建设规划、尽力实现旅游信号全覆盖，切实增强游客的满意度和方便感。

另一方面，构建西部地区旅游公共服务体系。首先，畅通信息渠道，完善旅游公共信息服务水平。建立西部地区旅游资源数据库，为广大游客深入了解旅游资源信息提供新的途径，搭建景区与游客之间的连接渠道；构建官方网站对西部地区旅游的宣传和推介。通过西部旅游网站、微博等网络媒体，搭建旅游相关部门与游客之间的互动桥梁，化被动为主动，及时了解游

客需求和问题，不断提高西部地区在游客心中的旅游形象；其次，保障旅游客安全，构建旅游安全保障体系。旅游安全是旅游者出游的最基本需求，良好的安全保障体系有助于营造旅游目的地良好的旅游形象，提升旅游竞争力。建立安全预警机制，保障游客旅行及游览安全。旅游主管部门及法治部门应加强对景区、酒店、餐饮、娱乐等场所进行定期检查，及时发现问题，消除隐患；建立紧急事件热线电话、专用通道和紧急事件处理预案，防患于未然，做实细节，确保旅游市场安全。

三、生态环境方面

生态环境是旅游产业发展的基础条件，加大生态环境保护，将是旅游实现可持续发展的重要基础之一。随着西部地区旅游的快速发展，在开展各种各样旅游活动的同时会对其赖以生存的生态环境产生各种不良影响，因此，要想实现旅游的可持续发展，在发展旅游的同时，要立足长远、克服短期行为，建立起多方参与的旅游生态保护体系。

（一）提高公众环保意识，完善相关的生态法律保护体系

西部地区旅游资源由于数量大、分布范围广泛，且多数分布在生态环境脆弱地区，保护难度较大，因此，需要形成广大公众对旅游景区生态环境保护的高度认识和自觉保护。首先，利用节庆活动和生态保护节日，加大对生态环境保护的宣传，使得生态环境保护意识深入人心；其次，设计吸引广大民众参与的保护环境，人人有责的实践活动，并制定一定的奖励措施，对于表现突出的个人和单位，给予一定的奖励，切实发挥模范的示范作用；最后，充分利用传统宣传手段和新媒体等宣传方式对生态保护的宣传作用，形成宣传的常规化，以便在社会上形成一个良好的旅游生态保护氛围。

另一方面，法律法规是保护生态环境的一种最根本的保护手段。通过对景区生态环境的分析，在制定西部地区旅游发展规划时，各相关部门应建立旅游地生态恢复的长效机制，用看得见、摸得着的规范规则推动生态保护措施的落地实施，把对环境的负面影响降到最低；旅游主管部门和地方政府应在遵循中央生态保护法律法规的前提下，根据自身情况，从可持续发展的角度提出符合本地区生态环境保护的条例，加大对旅游景点周边生态环境的保

护力度。

（二）加强遗存保护，构建旅游资源保护体系

西部旅游资源既是发展西部地区旅游的重要资源基础，又是西部地区历史发展的重要组成部分。作为不可再生的宝贵文化资源，应以正确的历史观和科学的发展观为基础，坚持"保护与开发同步，效益与投入并举"的旅游发展原则，适时、适地，适度地开发旅游资源，走具有中国特色、西部特点的旅游可持续发展道路。

第一，进行系统的旅游资源普查，摸清资源家底，做到保护有理有据。根据西部地区历史，组织相关文化部门、文化专家和学者，对各地的历史档案、文献、史籍等进行挖掘、收集、梳理和整合，建立西部地区旅游文化资源数字化资源库，为民众深入了解西部地区历史提供信息来源和查询平台，也为进一步的旅游资源保护提供合理依据；第二，将旅游所有参与者纳入旅游资源保护体系。对于旅游企业和相关经营者来说，要坚持保护与开发同步的旅游资源开发原则，注重事前、事中和事后的旅游资源保护与使用情况监测，并制定旅游资源损毁规章制度，对破坏旅游资源的行为进行实时曝光，并进行一定的处罚措施，真正做到在开发中保护；对于游客来讲，要自觉爱护旅游资源，并自觉担任起旅游资源的保护者，对于身边的破坏行为及时制止并勇于揭发举报；对于旅游当地居民来讲，结合相关旅游法规，自觉保护旅游资源及资源地的生态环境，参与景区及家庭的垃圾分类和生活污水处理，合理经营，争当旅游资源的积极参与者，而不是旁观者甚至破坏者，为旅游发展营造良好的本地环境，实现旅游资源的可持续利用；第三，制定旅游资源保护法律法规。积极对接国家关于旅游资源保护的法律法规，并根据西部地区的实际发展情况，及时增补地方规章制度，进一步完善地方关于旅游资源产权改革、修复维护、开发运营等方面的内容，切实为旅游资源的保护提供法律保障；第四，提倡科学而有素质的文明旅游。做好文明旅游，是满足人民日益增长的美好生活需要，促进社会文明提升工程和美丽西部建设的重要举措，是贯穿新发展理念，推动旅游高质量发展的必然要求，做好文明旅游工作，需要各方的共同努力。

首先，旅游相关主管单位要按照"教育与惩戒、引导与示范、治标与治

本"同步推进的原则，一方面借助媒体手段，积极宣传文明旅游，加强文明引导、提示和规劝，大力倡导爱护环境、绿色出行、举止文明、餐桌文明等行为，引导广大游客遵守文明旅游规定，另一方面，通过经济、行政、法律和舆论监督等方式，多管齐下，加强监督，依法依规纠治旅游不文明行为；其次，旅游地居民要积极学习环保知识，提高个人品德和操守，争做美丽家园守护者，旅游保护者；再次，旅游从业人员要自觉接受专门的职业操守教育，以身示范，做一名合格的文明旅游的示范者、引导者及带动者；最后，游客要自觉参与到文明旅游的队伍中来，自觉约束自身的行为，自觉抵制和反对不文明行为。

（三）整合相关旅游资源，提升旅游景区总体吸引力

西部地区旅游资源所在地伴生资源丰富，既有原生态的自然景观、民族特色浓厚的民俗文化资源、也有种类多样的温泉旅游资源，发展西部地区旅游，不仅依靠旅游资源，更要借助丰富的伴生资源。

另外，除了产业内整合资源外，还要实现不同区域旅游资源的整合。一方面，区际旅游资源的整合。西部各地区之间需要以"热"点景区带动"冷"点景区、以著名景区带动不著名景区，以发展景区带动落后景区，如以拉萨、林芝、带动那曲和山南等地的景区，避免碎片化，形成整体规模效应，促进区域旅游一体化发展；另一方面，省际旅游资源的整合。要加强与周围兄弟省市的合作，或其他民族地区，综合各省市的优势资源，形成互补，打造国家级复合旅游产品和路线。

最后，在资源整合的过程中，要注意和旅游相关的交通、水电、信息、旅游管理、城乡规划等部门的相互协调与沟通，为区域旅游一体化奠定坚实的服务基础。

参考文献

[1] 陈安宁. 资源可持续利用的激励机制研究[J]. 自然资源学报，2000
（2）：107-111.

[2] 辞海编辑委员会. 辞海（上）[M]. 上海：上海辞书出版社，1979：1122.

[3] 丁翠翠. 西藏红色旅游可持续发展研究[D]. 西藏大学，2021：150-184.

[4] 李飞，庄贵阳，付加锋等. 低碳经济转型：政策、趋势与启示[J]. 经济
问题探索，2010（2）：4.

[5] 李海涛，许学工，刘文政. 国际碳减排活动中的利益博弈和中国策略的
思考[J]. 中国人口·资源与环境，2006（5）：5.

[6] 李威. 国际法框架下碳金融的发展[J]. 国际商务研究，2009（4）：12.

[7] 李晓燕. 低碳农业发展研究——以四川为例[M]. 北京:经济科学出版
社，2010.

[8] 刘长明. 生态是生产力之父——兼论生态优先规律[J]. 文史哲，2000
（3）：8.

[9] 吕忠梅，刘长兴. 试论环境合同制度[J]. 现代法学，2003（3），102-110.

[10] [美]西蒙·库兹涅茨. 各国的经济增长[M]. 常勋，译. 北京：商务印书
馆，1999.

[11] 乔媛媛. 旅游资源对旅游业高质量发展的影响研究[D]. 山东财经大学，
2022：9-11.

[12] 王金南. 发展循环经济是21世纪环境保护的战略选择[J]. 中国发展，
2002（2），12-15.

[13] 王伟. 低碳时代的中国能源发展政策研究[M]. 北京：中国经济出版社，
2011.

[14] 吴贤荣. 中国低碳农业发展绩效分析与减排政策设计[D]. 华中农业大学，2017：10.

[15] 新能源与低碳行动课题组. 低碳经济与农业发展思考[M]. 北京：中国时代经济出版社，2011.

[16] 杨文进. 可持续发展经济学中的价值理论[J]. 生态经济，2000（8）：4.

[17] 杨颖. 中国低碳经济评价指标体系及政策支撑体系研究[R]. 西南财经大学出站报告，2012（12）：4.

[18] 章家恩. 农业循环经济[M]. 北京：化学工业出版社，2010.

[19] 赵跃龙. 中国脆弱生态环境类型分布及其综合整治[M]. 北京：中国学出版社，1999.

[20] 庄万禄. 民族经济学[M]. 成都：四川民族出版社，2003.